de Gruyter Lehrbuch
Heinrich · Systemplanung 2

Lutz J. Heinrich

Systemplanung

Band 2

Feinprojektierung, Einführung und Pflege von Informationssystemen

Mit 28 Abbildungen und 28 Tafeln, 190 Kontrollfragen,
4 Übungsaufgaben und 10 Demonstrationsbeispielen

W DE G

Walter de Gruyter · Berlin · New York · 1976

Dr. rer. pol. *Lutz J. Heinrich*
o. Prof. für Betriebswirtschaftslehre und Betriebsinformatik an der
Universität Linz

CIP-Kurztitelaufnahme der Deutschen Bibliothek

Heinrich, Lutz J.
Systemplanung. – 1. Aufl. – Berlin, New York: de Gruyter.
(de Gruyter-Lehrbuch)

Bd. 2. Feinprojektierung, Einführung und Pflege von Informationssystemen. – 1. Aufl. – 1976.
ISBN 3-11-004865-5

Satz: Ilmgaudruckerei, Pfaffenhofen. – Druck: Colordruck, Berlin. – Bindearbeiten: Dieter Mikolai, Berlin.

Vorwort und Zusammenfassung der Kapitel 1. bis 6.

Der vorliegende Band 2 Systemplanung schließt unmittelbar an Band 1 Systemplanung an und vervollständigt den Lehrstoff, der im „Phasenschema zur Systemplanung" (vgl. Abschnitt 3.3.) umrissen wurde. Ein Vorwort im üblichen Sinne erübrigt sich daher; der Leser kann auf das in Band 1 abgedruckte Vorwort verwiesen werden.

Zur Erleichterung des Verständnisses des nachfolgenden Textes wird hier der Inhalt der Kapitel 1. bis 6., also von Band 1, so zusammengefaßt, daß ein sichtbarer Anschluß für Kapitel 7. entsteht. Auch kann dadurch erreicht werden, daß Leser, die – aus welchen Gründen auch immer – nur den vorliegenden Band zur Hand nehmen, in den Lehrstoff eingeführt werden.

Zur Einordnung in Wissenschaftsdisziplinen

Systemplanung befaßt sich mit den Aktivitäten und den Methoden zur Planung computergestützter Informationssysteme. Computergestützte Informationssysteme in Betrieben (Einzelwirtschaften und Öffentliche Verwaltungen) sind Teil des Erkenntnisobjektes der Betriebswirtschafts- und Verwaltungsbetriebslehre. Die im Zusammenhang mit der Gestaltung derartiger Systeme verwendeten Bezeichnungen wie „Betriebs- und Verwaltungsinformatik" oder „Wirtschaftsinformatik" kennzeichnen damit ein Wissenschaftsgebiet, das analog zur „Fertigungswirtschaft", zur „Absatzwirtschaft" u. ä. als eine Besondere Betriebswirtschafts- bzw. Verwaltungsbetriebslehre anzusehen ist.

Zur Einordnung in Lehrgebiete

Systemplanung wird in erster Linie als Lehrgebiet der Betriebswirtschafts- und Verwaltungsbetriebslehre gesehen. Absolventen einschlägiger Studiengänge werden in der Praxis vor allem *Benutzer* computergestützter Informationssysteme sein. In zweiter Linie ist dieser Lehrstoff in die Studiengänge der Betriebs-, Verwaltungs- und Wirtschaftsinformatik einzuordnen. Absolventen dieser Studiengänge werden vor allem als *Gestalter* computergestützter Informationssysteme (Systemplaner) in der Praxis tätig sein. Schließlich wird Systemplanung als ergänzendes Lehrgebiet für Informatiker gesehen, die einen Studienschwerpunkt in der Anwendung von Computersystemen in Betrieben wählen.

Zum Verständnis vorausgesetzt werden Grundkenntnisse über Computersysteme einschließlich Anwendersoftwareerstellung sowie und vor allem Kenntnisse betrieblicher Aufgabensysteme. (Einzelheiten vgl. Kapitel 1.).

Einige grundlegende Begriffe

Es wurden die Begriffe *Planung* und *Informationssystem* entwickelt (vgl. dazu Kapitel 2.), denen grundlegende Bedeutung für das Verständnis des Lehrstoffes zukommt. Wiederholt soll nur werden, daß Informationssysteme hier als Mensch-Maschine-System verstanden werden.

Methoden zur Systemplanung

Es wurde eine Systematik von Systemplanungsmethoden entwickelt; die einzelnen Klassen von Systemplanungsmethoden wurden erläutert (vgl. dazu Kapitel 3.). Von zentraler Bedeutung für die Stoffgliederung ist Abschnitt 3.3., das Phasenschema zur Systemplanung. Methoden, die für mehrere Systemplanungsstufen anwendbar sind, wurden geschlossen behandelt (vgl. Abschnitt 3.4.). Sogenannte stufenspezifische Methoden werden im Zusammenhang mit den in Band 1 behandelten Planungsstufen dargestellt. Daraus folgt, daß die stufenspezifischen Methoden der Planungsstufen Feinprojektierung, Systemeinführung und Systempflege Gegenstand dieses Bandes sind.

Planungsstufe Vorstudie

Aufgaben, Schritte und Methoden der Grobprojektierung wurden aus dem Ziel dieser Planungsstufe entwickelt (vgl. Kapitel 6.). Ziel der Grobprojektierung ist es, für die in der Vorstudie festgelegten („grundsätzliches Gestaltungskonzept" oder „Grundkonzeption") und durch die Ergebnisse der Feinstudie gegebenenfalls erneut abgegrenzten Datenverarbeitungsaufgaben einen in sich geschlossenen Entwurf des betrieblichen Informationssystems mit einem für die Erarbeitung der Feinprojekte ausreichenden Detaillierungsgrad zu erarbeiten.

Planungsstufe Feinstudie

Aufgaben, Schritte und Methoden der Vorstudie wurden aus dem Ziel dieser Planungsstufe entwickelt (vgl. Kapitel 4.). Ziel der Vorstudie ist die *Verfahrensauswahl* und damit die Bestimmung des grundsätzlichen Gestaltungskonzepts des computergestützten Informationssystems.

Planungsstufe Grobprojektierung

Aufgaben, Schritte und Methoden der Feinstudie wurden aus dem Ziel dieser Planungsstufe entwickelt (vgl. Kapitel 5.). Ziel der Feinstudie ist das Ermitteln der durch den Istzustand des betrieblichen Aufgabensystems gegebenen Projektierungsbedingungen für das zu entwickelnde computergestützte Informationssystem.

Dieser „geschlossene Entwurf" liegt nach Abschluß der Grobprojektierung in Teilprojekte zergliedert vor; diese „Grobprojekte" sind in der nun folgenden Planungsstufe Feinprojektierung zu den „Feinprojekten" zu verarbeiten. Damit beginnt der Lehrstoff von Band 2 Systemplanung.

Linz, im Frühjahr 1976 *L. J. Heinrich*

Inhalt

7. Planungsstufe Feinprojektierung

Dieses Kapitel behandelt die vierte Planungsstufe nach dem Phasenschema zur Systemplanung (vgl. Abschnitt 3.3.). Zunächst werden das Ziel und die Aufgaben der Feinprojektierung entwickelt, dann die wichtigsten Planungsaktivitäten (Schritte) behandelt und abschließend stufenspezifische Methoden der Feinprojektierung dargestellt. Zum Schluß werden Demonstrationsbeispiele gezeigt und Übungsaufgaben gestellt.

7.1. Ziel und Aufgaben der Feinprojektierung

Zunächst soll der Output der Grobprojektierung umrissen werden, um darauf aufbauend das Ziel für die Planungsstufe Feinprojektierung formulieren zu können. Grobprojektierung hieß ja vor allem:

- Entwurf eines integrierten Gesamtsystems der betrieblichen Datenverarbeitungsaufgaben (vgl. Abschnitt 6.2.2.).
- Zergliedern des Gesamtsystems in Teilprojekte (vgl. Abschnitte 6.2.2. und 6.3.3.).
- Bearbeiten (grobes Projektieren) der einzelnen Teilprojekte (vgl. Abschnitt 6.2.3.), insbesondere:
  + Projektieren der Ausgabedaten,
  + Projektieren der Datenverarbeitungsprozesse und
  + Projektieren der Eingabedaten.
- Abstimmen und Koordinieren der Teilprojekte zum Gesamtsystem (vgl. Abschnitt 6.2.3.).
- Bestimmen der einzusetzenden Gerätetechnik im Datenverarbeitungssystem (vgl. Abschnitt 6.2.4.).

Dabei wurden vornehmlich die betriebswirtschaftlich-organisatorischen Konzepte, weniger die edv-technischen Lösungen erarbeitet. Sieht man vom Bestimmen der einzusetzenden Gerätetechnik einmal ab, dann handelte es sich bei der Grobprojektierung vor allem darum, die betriebswirtschaftlich-organisatorische Struktur des Gesamtsystems (einer Menge von Datenverarbeitungsaufgaben) soweit zu entwickeln, daß eine Auswahl der im Datenverarbeitungssystem einzusetzenden Gerätetechnik möglich wurde. Diese Struktur des Gesamtsystems ist vor allem in der Form von Blockschaltbildern, von Datenfluß- und Programmablaufplänen sowie von Dateimatrizen dokumentiert.

Ziel der Feinprojektierung

In der Feinprojektierung ist diese betriebswirtschaftlich-organisatorische Struktur des Gesamtsystems so weit zu verfeinern, daß auf ihrer Grundlage die Implementierung des computergestützten Informationssystems möglich ist. Dies schließt das Entwickeln der Anwendersoftware ein, so daß Feinprojektierung nicht nur betriebswirtschaftlich-organisatorische Gestaltungsarbeit, sondern auch das Erarbeiten der edv-technischen Lösungen im Rahmen der gewählten Gerätetechnik erfordert.

Ziel der Feinprojektierung ist es also, aufbauend auf den Ergebnissen der Grobprojektierung, das Informationssystem bis zur Einführungsreife zu entwickeln. Bei der Ableitung der Aufgaben der Feinprojektierung werden einige für die Einführungsreife erforderliche Planungsschritte ausgeklammert und in die Planungsstufe Implementierungsvorbereitung (vgl. Kapitel 8.) übernommen.

Objekte der Feinprojektierung

Feinprojektierung bedeutet im Vergleich zur Grobprojektierung nicht nur, daß die Objekte der Grobprojektierung hier stärker in das Detail gehend bearbeitet werden (z. B. daß der in der Grobprojektierung bestimmte Inhalt der Eingabedaten eines Datenverarbeitungsprozesses hier zum Datensatz strukturiert wird). Feinprojektierung bedeutet auch, daß weitere Objekte zum Projektierungsgegenstand werden, deren Bearbeitung in der Grobprojektierung nicht notwendig, möglich oder zweckmäßig war. Dabei handelt es sich insbesondere:

- um die Benummerung der „Begriffe",
- um den Schutz der Daten gegen deliktische Handlungen,
- um die Sicherung der Daten gegen Fehler und
- um die Dokumentation der Daten auf visuell verarbeitbaren Datenträgern.

Daraus sind zunächst folgende Aufgaben der Feinprojektierung abzuleiten: (Wenn dabei nachfolgend der Begriff „Teilsystem" eingeführt wird, dann wird diesem nicht die Definition 5/2 zugrundegelegt; hier werden als Teilsystem Teilmengen der Projektierungsaktivitäten verstanden.)

Erste Aufgabe der Feinprojektierung

Entwickeln des betrieblichen *Nummerungssystems;* dabei ist auf den Ergebnissen der Feinstudie (vgl. Abschnitt 5.2.2.) aufzubauen. Die zentrale Bedeutung des betrieblichen Nummerungssystems in einem computergestützten Informationssystem macht es notwendig, diesen Komplex geschlossen und über alle Teilprojekte hinweg zu überdenken und zu entwickeln. Es handelt sich hier um eine typische Querschnittsaufgabe, deren Lösung zudem Voraussetzung für die Feinprojektierung anderer Systemteile ist. Sie läßt sich auch weitgehend losgelöst von den Teilprojekten bearbeiten.

Zweite Aufgabe der Feinprojektierung

Entwickeln des *Datenschutzsystems* als eine geordnete Menge von Maßnahmen zur Verhinderung deliktischer Handlungen („Computerkriminalität"). Auch hier handelt es sich um eine Querschnittsaufgabe, zu deren Bearbeitung jedoch ein relativ enger Bezug zu den einzelnen Teilprojekten hergestellt werden muß.

Dritte Aufgabe der Feinprojektierung

Entwickeln des *Datensicherungssystems* als eine geordnete Menge von Maßnahmen zur Realisierung eines vorgegebenen Zuverlässigkeitsgrades eines Informationssystems. Auch hier liegt eine Querschnittsaufgabe vor, deren Lösung jedoch ohne engen Bezug auf die Teilprojekte nicht möglich ist. Man wird daher das Datensicherungssystem „aus den Teilprojekten heraus" entwickeln müssen.

Vierte Aufgabe der Feinprojektierung

Entwickeln des *Belegsystems,* also der Organisation der visuell verarbeitbaren Datenträger, ist als weitere Querschnittsaufgabe zu bezeichnen. Ihre Lösung außerhalb der einzelnen Teilprojekte ist aber nicht sinnvoll.

Die weiteren Aufgaben der Feinprojektierung leiten sich aus den Gestaltungsobjekten ab, die aus der Grobprojektierung zu übernehmen sind; sie sollen hier etwas anders geordnet werden.

Fünfte Aufgabe der Feinprojektierung

Entwickeln des *Datenerfassungs-* und *Datenausgabesystems.* Es wird später im einzelnen begründet (vgl. Abschnitt 7.2.5.), warum eine geschlossene Betrachtung von Datenerfassung und Datenausgabe bevorzugt wird. Als Objekt der Feinprojektierung im Datenerfassungs- und Datenausgabesystem werden auch die realen betrieblichen Prozesse angesehen sowie alle Datenübertragungsprozesse, soweit sie nicht beim Entwickeln des Datenverarbeitungssystems betrachtet werden.

Sechste Aufgabe der Feinprojektierung

Entwickeln des *Datenverarbeitungssystems,* das alle Komponenten zwischen der Ausgabe der Benutzerdaten und der Eingabe der Primärdaten umfaßt, mit anderen Worten: Entwickeln der edv-technischen Lösungsalgorithmen, der Dateien und der Anwendersoftware. In diese Aufgabe soll die Datenübertragung zwischen den einzelnen gerätetechnischen Elementen des Datenverarbeitungssystems einbezogen werden.

Wenn auch die fünfte und die sechste Aufgabe der Feinprojektierung weitgehend teilprojektbezogen bewältigt werden können, so ist doch zwischen allen Projektierungsaufgaben einerseits und zwischen allen Teilprojekten andererseits ein ständiger Abstimmungs- und Koordinierungsprozeß erforderlich. Darauf soll hier nur hingewiesen werden; es wird später darauf nicht im einzelnen eingegangen. Besonders hervorgehoben und als eigene Aufgabe behandelt werden soll das Testen der Projektierungsergebnisse.

Siebte Aufgabe der Feinprojektierung

Testen der Projektierungsergebnisse, insbesondere der Teilprojekte und des Gesamtsystems.

Zur Vorbereitung der Feinprojektierung sei nur darauf verwiesen, daß eine Ergänzung der Planungsgruppe um Softwarespezialisten in der Regel erforderlich ist (vgl. jedoch auch Abschnitt 7.2.6.). Weiter, daß es sich als zweckmäßig erwiesen hat, die teilprojektbezogenen Arbeiten von den gleichen Mitarbeitern fortführen zu lassen, die für die betreffenden Teilprojekte in der Grobprojektierung zuständig waren.

Schließlich hat es sich als zweckmäßig erwiesen, für die typischen Querschnittsaufgaben (z. B. Entwickeln des Nummerungssystems) besondere Projektbereiche zu schaffen.

Kontrollfragen zu 7.1.

1) Man erläutere mit eigenen Worten das „Ziel der Feinprojektierung".
2) Man gebe durch „Überschriften" den Output der Grobprojektierung an, auf den die Feinprojektierung aufsetzt; welches sind die typischen Darstellungsmittel für diesen Output?
3) Welche „Objekte der Feinprojektierung" sind aus dem Output der Grobprojektierung abzuleiten, worin besteht der Unterschied ihrer Gestaltung in den beiden Planungsstufen?

4) Welche weiteren „Objekte der Feinprojektierung" sind mindestens zu bearbeiten?

5) Welche der Aufgaben der Feinprojektierung sind als „Querschnittsaufgaben" zu bezeichnen, welche Aufgaben können relativ isoliert innerhalb der Teilprojekte bearbeitet werden?

7.2. Schritte der Feinprojektierung

Analog zur Grobprojektierung (vgl. Abschnitt 6.2.) werden Ziel und Aufgaben der Feinprojektierung durch den in der Grobprojektierung erarbeiteten und von den zuständigen Leistungsinstanzen verabschiedeten Arbeitsplan (zu Struktur und Inhalt vgl. Tafel 4/1) vorgegeben. Gegebenenfalls erfolgt durch die Planungsgruppe eine Detaillierung. Dies ist insbesondere deshalb notwendig, weil sich erst bei der Detailarbeit die Abhängigkeiten zwischen einzelnen Aktivitäten ergeben. Die nachfolgend verwendete Reihenfolge der Planungsschritte ist auch nicht so zu verstehen, als werde damit eine Bearbeitungsreihenfolge angegeben.

Weiter ist es für das Verständnis und die richtige Einschätzung der nachfolgenden Aussagen wesentlich zu wissen, daß im allgemeinen von größeren Informationssystemen mit zentral installierten, größeren Computersystemen ausgegangen wird. Es soll darauf hingewiesen werden, daß sich bei kleineren Informationssystemen oder bei ausgeprägter Dezentralisierung („Computer am Arbeitsplatz") eine weniger starke Zergliederung der Aufgaben der Feinprojektierung anbietet. Dies deutet sich am ehesten im Bereich der Datenerfassung und der Datenausgabe an; deshalb werden hier beide Gestaltungsobjekte schon zusammengezogen. Als nächstes kann auf die enge Verflechtung der Datenerfassung und Datenausgabe einerseits mit der Datenverarbeitung andererseits (einschließlich Datenübertragung) verwiesen werden. Bei Anwenden der Gestaltungsphilosophie „Computer am Arbeitsplatz" reduzieren sich auch sehr stark die Aufgabeninhalte anderer Planungsschritte, wie z. B. das Entwickeln des Datensicherungssystems oder des Belegsystems.

Da heute in der Praxis zentral organisierte computergestützte Informationssysteme vorherrschen, soll an diese Planungsphilosophie angeknüpft, vielfach aber darauf hingewiesen werden, welche Veränderungen im Gestaltungsprozeß sich aus dem Wandel der Gestaltungsphilosophie ergeben werden.

7.2.1. Entwickeln des Nummerungssystems

Das betriebliche Nummerungssystem ist eine geordnete Menge von Nummernsystemen (nach DIN 6763 Blatt 1), die wie folgt definiert sind:
Eine nach bestimmten Gesichtspunkten gegliederte Zusammenfassung von Nummern und Nummernteilen mit der Erläuterung ihres Aufbaus; diese „Gesichtspunkte" legen fest, aufgrund welcher Kriterien ein Begriff eine bestimmte Nummer erhält. Aus der Bezeichnung „Nummer" darf nicht geschlossen werden, daß damit nur Ziffernfolgen gemeint sind. „Nummer" ist vielmehr ganz allgemein als eine Folge von *Zeichen* zu verstehen (also: Ziffern, Buchstaben und Sonderzeichen).

Entwickeln des betrieblichen Nummerungssystems heißt daher: Herausarbeiten der zu benummernden Begriffssysteme (Nummerungsobjekte) und Zuordnen zweckmäßiger Nummernarten zur Benummerung dieser Objekte.

Beim Entwickeln des betrieblichen Nummerungssystems hat man es mit einer typischen Querschnittsaufgabe der Feinprojektierung zu tun. Man setzt dafür zweckmäßigerweise eine spezielle Projektgruppe ein, die eine enge Zusammenarbeit mit den betroffenen Struktureinheiten einerseits und den Projektgruppen andererseits realisiert, welche in der Feinprojektierung die einzelnen Teilprojekte bearbeiten.

Die „Projektgruppe Nummerungssystem" setzt bei ihren Arbeiten an den Ergebnissen der Systemanalyse an (vgl. insbesondere in Abschnitt 5.2.2. „Analysieren der Nummerungssysteme"). In Anbetracht des Informationsgewinns der Systemplanung seit Ablauf der Feinstudie ist es zweckmäßig, die Analyseergebnisse zu überprüfen. Damit können folgende Aktivitäten beim Entwickeln des betrieblichen Nummerungssystems unterschieden werden:

- Verfeinern der Analyseergebnisse (der Grobprojektierung),
- Herausarbeiten der Anforderungen an das zu entwickelnde Nummerungssystem und
- Bestimmen geeigneter Nummernsysteme (Entwickeln des Nummerungssystems im engeren Sinne).

Diese Planungsaktivitäten werden nachfolgend im einzelnen behandelt; wichtige Grundbegriffe der Nummerung werden in diese Darstellung eingefügt und erläutert.

Verfeinern der Analyseergebnisse

Das Verfeinern der Analyseergebnisse (der Grobprojektierung) heißt im einzelnen: Überprüfen des Nummernaufbaus, der Identifizierungsfunktion, der Klassifizierungsfunktion, der Art der Nummernvergabe (Benummerung) sowie der Struktur und des Mengengerüsts der Nummerungsobjekte. Zur Erläuterung zunächst einige Definitionen (nach DIN 9763):

Definition 7/1: Nummerungsobjekt ist ein Gegenstand oder eine Person, denen Nummern zugeordnet sind oder werden.

Definition 7/2: Identifizieren heißt: a) Ein Nummerungsobjekt innerhalb eines Geltungsbereichs mit Hilfe der erforderlichen Merkmale eindeutig und unverwechselbar *erkennen.* b) Ein Nummerungsobjekt innerhalb eines Geltungsbereichs eindeutig und unverwechselbar *bezeichnen* oder ansprechen.

Definition 7/3: Klassifizieren heißt, Nummerungsobjekte in Gruppen (Klassen) einzuordnen, die nach vorgegebenen Gesichtspunkten gebildet werden.

Definition 7/4: Benummerung heißt, für ein Nummerungsobjekt eine Nummer festzulegen.

Zur Analyse des *Nummernaufbaus* wird am besten eine Prüfliste (vgl. Definition 3/1) verwendet; Tafel 7/1 zeigt ein Beispiel. Die dort verwendeten und bisher nicht besprochenen Begriffe werden weiter unten erläutert (z. B. „hierarchisch").

- Welches Begriffssystem liegt der Nummer zugrunde?
- Wieviel Stellen hat die Nummer?
- Welche Stellen sind identifizierend, welche sind klassifizierend?
- Wenn klassifizierende Stellen vorhanden sind: ist ihr Aufbau hierarchisch oder nebengeordnet?
- Welche Bedeutung haben die klassifizierenden Stellen?
- Welche Stellen sind numerisch oder alphanumerisch, welche Stellen haben Sonderzeichen?
- Werden Gliederungsmittel verwendet (z. B. Punkt, Schrägstrich, Bindestrich)?
- Welche Veränderungen wurden seit Einführung der Nummer vorgenommen?

Tafel 7/1. Prüfliste zur Analyse des Nummernaufbaus

Bei der Analyse der *Identifizierungsfunktion* ist insbesondere zu überprüfen, ob diese vollständig gegeben ist, ob also alle Nummerungsobjekte eine Identnummer haben, ob ein bestimmtes Nummerungsobjekt vielleicht mit verschiedenen Identnummern benummert wird (z. B. in verschiedenen Struktureinheiten) und ob auf Grund der Identnummer eine eindeutige Zuordnung der Nummerungsobjekte auf Stammdaten (vgl. Definition 6/4) möglich ist.

Bei der Analyse der *Klassifizierungsfunktion* ist insbesondere zu überprüfen, ob die Klassifizierungsnummer systematisch aufgebaut ist, ob die Benummerung eindeutig möglich ist, ob das Nummernsystem in der Vergangenheit flexibel genug war, sich wachsenden Anforderungen anzupassen und ob diese Flexibilität auch in Zukunft gegeben sein wird.

Bei der *Nummernvergabe* interessieren vor allem Aussagen nach den verwendeten Hilfsmitteln, nach den Kompetenzen zur Nummernvergabe (welche Personen in welchen Struktureinheiten?) und nach der Sicherheit (ist z. B. gegen Doppelbenummerung gesichert?).

Schließlich ist festzustellen, wieviele *Nummerungsobjekte* es je Nummernsystem gibt, wie ihre Veränderung im Zeitablauf ist (z. B. jährlicher Zugang und Abgang) und wie stark die Nummernsysteme belegt sind.

Unter Verwendung der in der Feinstudie erfaßten Arbeitsabläufe (vgl. Abschnitt 5.2.1., insbesondere Tafel 5/1) ist die Verwendung der Nummernsysteme bei den einzelnen Ablaufschritten zu analysieren. Dabei ist vor allem zu klären, welche Funktion (Identifizieren, Klassifizieren oder beides?) des Nummernsystems verwendet wird, ob der Detaillierungsgrad der Klassifizierung zweckmäßig ist (zu fein oder zu grob?), welche Karteien (Dateien) nach der Nummer geordnet sind und auf welchen Datenträgern die Nummer festgehalten werden.

Ziel der Analyse des betrieblichen Nummerungssystems ist es festzustellen, welche Nummernsysteme unverändert beibehalten und welche verändert werden können bzw. welche Nummernsysteme zu ersetzen oder zusätzlich notwendig sind. Dabei sollte man von der Erfahrung ausgehen, daß Nummernsysteme nur mit erheblichen Schwierigkeiten verändert bzw. durch andere ersetzt werden können; wenn möglich sollten also vorhandene Nummernsysteme übernommen werden. Zur Entscheidung dieses Problems ist es notwendig, die Anforderungen an das zu entwickelnde betriebliche Nummerungssystem herauszuarbeiten.

Anforderungen an das Nummerungssystem

Beim Herausarbeiten der Anforderungen kann man nicht vom Istzustand allein ausgehen, sondern muß auch die zukünftige Entwicklung der Nummerungsobjekte miteinbeziehen. Weiter ist zu berücksichtigen, daß die einzelnen Nummernsysteme auch den Anforderungen der im Informationssystem eingesetzten Sachmittel, also bestimmten edv-technischen Anforderungen, genügen müssen.

Zunächst ist es notwendig, die zu benummernden *Begriffssysteme* zu klären und mit allen notwendigen Merkmalen übersichtlich darzustellen (wozu man sich am besten graphischer Gliederungsmittel, z. B. Baum, bedient). Erst wenn ein Begriffssystem festliegt, können daraus die Anforderungen an ein Nummernsystem bestimmt werden. Folgende charakteristische Begriffssysteme sind zu unterscheiden:

„Begriffssysteme" *ohne* Systematik; sie sind wie folgt gekennzeichnet: Die Nummerungsobjekte weisen keine Merkmale auf, die eine Klassifizierung erlauben oder – häufiger – auf deren Abbildung durch eine Nummer kein Wert gelegt wird.

Begriffssysteme mit *hierarchischer* Gliederung (sog. Begriffsleiter): Die Begriffe der unteren Stufe sind durch Vermehrung der einschränkenden Merkmale aus den Begriffen höherer Stufen abgeleitet.

Beispiel: Oberbegriff: Maschine
1. Unterbegriff: Werkzeugmaschine
2. Unterbegriff: Drehbank
3. Unterbegriff: Gewindedrehbank
4. Unterbegriff: Gewindedrehbank für metrische Gewinde.

Begriffssystem mit *nebengeordneter* Gliederung (sog. Koordinierung): Die Merkmale der Begriffe können in voneinander unabhängige Klassen geordnet werden; sie sind ranggleich.

Beispiel: 1. Begriff: Fortbewegungsmedium
- Land
- Wasser
- Luft

2. Begriff: Antriebsart
- Verbrennungsmotor
- Dampfmaschine
- Elektromotor

3. Begriff: Antriebsleistung
- 0– 19 PS
- 20– 99 PS
- 100–499 PS
- 500 und mehr PS

Begriffssysteme können auch Mischungen dieser Grundtypen enthalten.

Bezüglich der edv-technischen Anforderungen existieren eine Reihe falscher Vorstellungen. So z. B. die Vorstellung, Nummernsysteme müßten rein numerisch sein, eine konstante Stellenzahl haben und keine variablen Gliederungsstellen aufweisen (z. B. trennender Punkt an verschiedenen Stellen). Zutreffend ist dagegen, daß hohe Anforderungen an die Lebensdauer eines Nummernsystems gestellt werden, da Veränderungen von Nummernsystemen erfahrungsgemäß zu erheblichen Konsequenzen bezüglich der Anpassung der Anwendersoftware führen. Dies zeigt auch, daß es notwendig ist, das betriebliche Nummerungssystem vor Beginn der Softwareerstellung zu entwickeln (was nicht ausschließt, daß später noch Anpassungen erfolgen).

Bestimmen geeigneter Nummernsysteme

Jedem Begriffssystem ist – ausgehend von dessen Anforderungen und unter Berücksichtigung spezieller Eigenschaften der verschiedenen Nummernarten – ein Nummernsystem zuzuordnen. Folgende Nummernarten sind (nach DIN 9763) zu unterscheiden:

Definition 7/5: Eine *Identifizierungsnummer* ist eine Nummer für ein identifiziertes (Def. 7/2) Nummerungsobjekt (Def. 7/1); sie wird auch Identnummer genannt, und sie darf auch klassifizierende Nummernteile enthalten.

Definition 7/6: Eine *Klassifizierungsnummer* ist eine Nummer, mit der ein Nummerungsobjekt (Def. 7/1) klassifiziert (Def. 7/3) wird; sie wird auch Ordnungsnummer genannt.

Definition 7/7: Eine *Zählnummer* ist eine Nummer, die durch – nicht unbedingt lückenloses – Zählen gebildet und einem Nummerungsobjekt (Def. 7/1) zugeordnet wird; sie enthält folglich nur Ziffern.

Davon ausgehend werden (nach DIN 9763) verschiedene Nummernsysteme beschrieben und durch Beispiele erläutert.

Klassifizierungssystem

Unter einem Klassifizierungssystem wird ein Nummernsystem verstanden, dessen Nummern *nur* klassifizieren. Die einzelnen Stellen (oder Teile) der Nummer sind dabei entweder voneinander *abhängig* (hierarchischer, untergeordneter, serieller Aufbau) oder *unabhängig* voneinander (nebengeordneter, paralleler Aufbau).

Typisches Beispiel eines *hierarchischen* Aufbaus ist das Postleitzahlensystem. Daraus kann man als wesentlichstes Merkmal der hierarchischen Benummerung ableiten, daß jede einzelne Stelle nur in Verbindung mit allen übergeordneten Stellen aussagefähig ist. (So sind z. B. die zweite bis vierte Stelle der deutschen PLZ 6111 Radheim ohne die erste Stelle aussagelos; denn z. B. 7111 ist Schwabbach.) Das Schema des hierarchischen Aufbaus eines Klassifizierungssystems zeigt Abb. 7/1.

Ein typisches Beispiel eines *nebengeordneten* Aufbaus ist die Verbindung von Steuerklasse und Kinderanzahl in einem Nummernsystem auf der Lohnsteuerkarte. Hier ist jede Stelle für sich aussagefähig. Reine Klassifizierungsnummern mit nebengeordneter Gliederung findet man in der betrieblichen Praxis selten. Das Schema des nebengeordneten Aufbaus eines Klassifizierungssystems zeigt Abb. 7/2.

Schließlich ist ergänzend noch der sogenannte *bereichsweise* Aufbau einer Zählnummer zu erwähnen. Dabei klassifiziert man durch *Nummernbereiche,* z. B. innerhalb einer Personalnummer wie folgt:

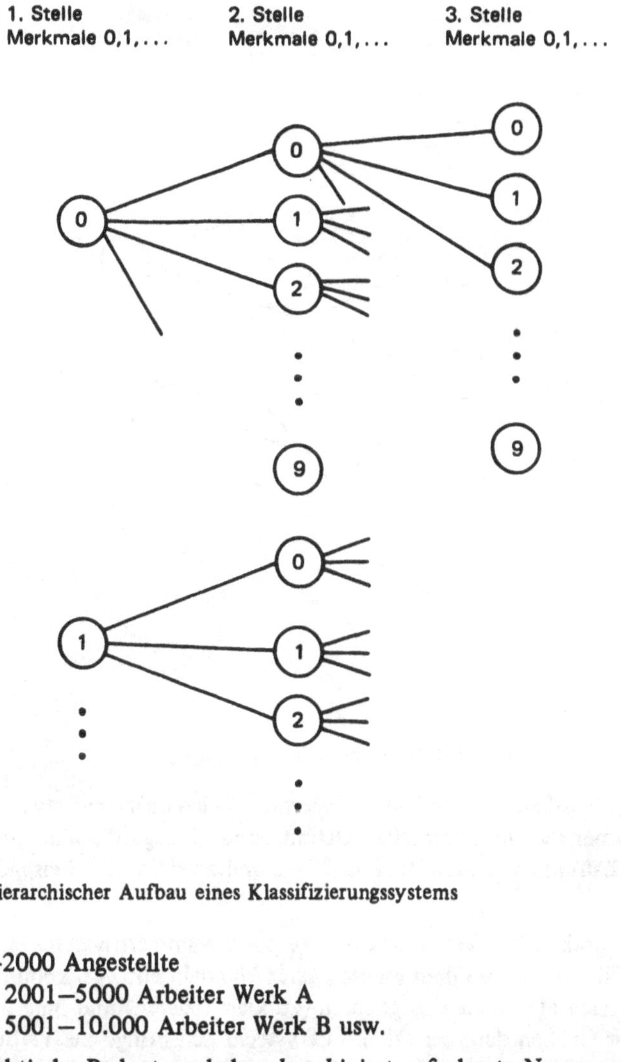

Abb. 7/1. Hierarchischer Aufbau eines Klassifizierungssystems

- 1–2000 Angestellte
- ab 2001–5000 Arbeiter Werk A
- ab 5001–10.000 Arbeiter Werk B usw.

Größere praktische Bedeutung haben *kombiniert* aufgebaute Nummernsysteme. (Dem nachfolgenden Text liegt nicht DIN 9763, sondern die in Literatur und Praxis vorherrschende Terminologie zugrunde.) Danach werden das Verbund-Nummernsystem und das Parallel-Nummernsystem unterschieden.

Verbund-Nummernsystem

Darunter versteht man ein Nummernsystem, bei dem die klassifizierenden Nummernteile nach einer bestimmten Stellenzahl abbrechen und anschließend ein zählender Nummernteil folgt. Die Verbundnummer verbindet also in einer

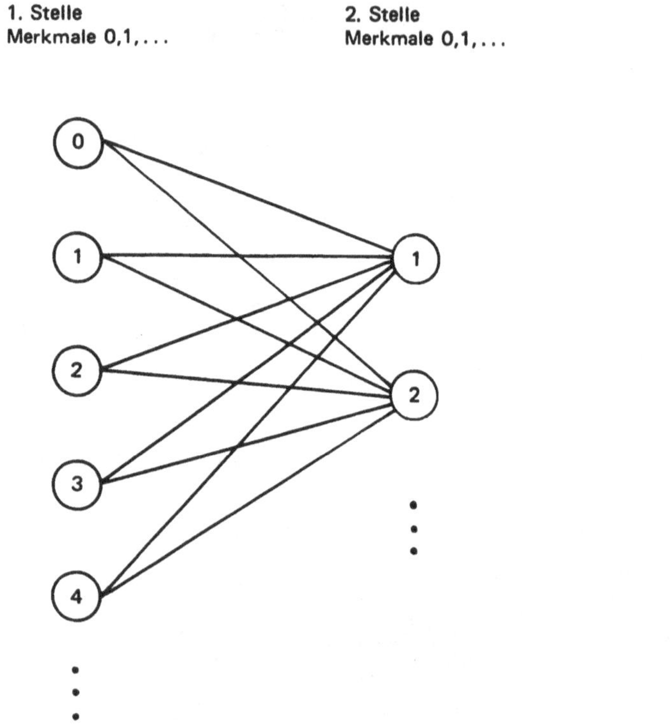

Abb. 7/2. Nebengeordneter Aufbau eines Klassifizierungssystems

Nummer Klassifizierung und Identifizierung; so klassifizieren etwa in einer Belegnummer die Nummernteile „Datum" und „Belegart", während die nachfolgende Zählnummer identifiziert. Dieses und zwei weitere Beispiele zeigt Tafel 7/2.

Die weite praktische Verbreitung des Verbund-Nummernsystems ist darauf zurückzuführen, daß sie dem menschlichen Handeln entgegenkommt, nämlich zunächst nach Merkmalen zu gliedern (zu klassifizieren) und innerhalb überschaubarer Größen dann zu zählen. EDV-technisch bringt das Verbund-Nummernsystem jedoch keine Vorteile. Geht man weiter davon aus, daß viele Tätigkeiten des Klassifizierens mit der Implementierung computergestützter Informationssysteme von der manuellen in die maschinelle Bearbeitung überführt werden, dann kann ein Nummernsystem auch nicht mehr allein aus der Sicht manueller Bearbeitung gesehen und bewertet werden.

Parallel-Nummernsystem

Darunter versteht man ein Nummernsystem, bei dem der erste Teil der Nummer eine Zählnummer ist, dem klassifizierende Nummernteile folgen. Im Unter-

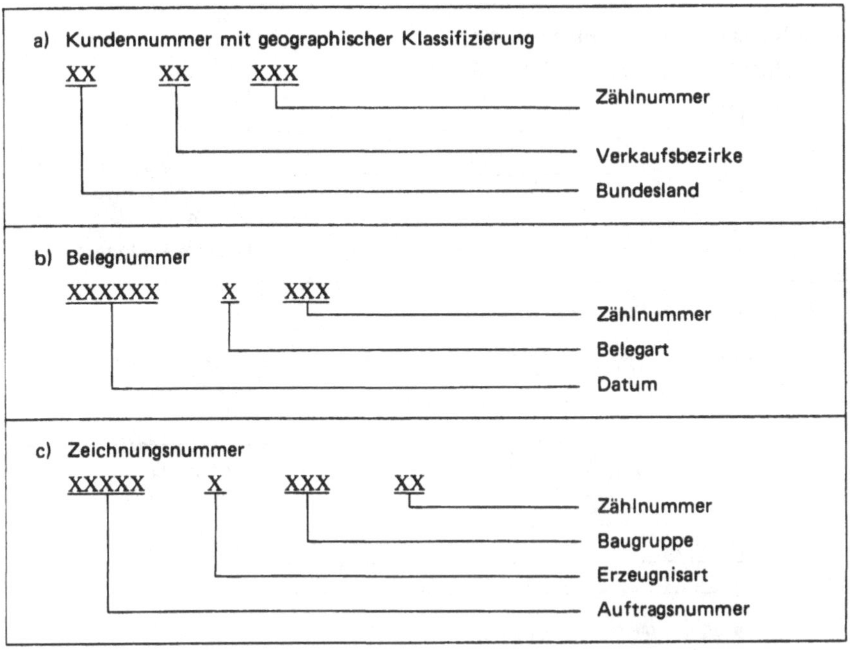

Tafel 7/2. Beispiele für Verbundnummern

schied zum Verbund-Nummernsystem sind hier der identifizierende Nummernteil und die klassifizierenden Nummernteile voneinander völlig unabhängig. So hat man z. B. bei einer Kunden- und Lieferantennummer zunächst eine identifizierende Zählnummer, der folgende klassifizierende Nummernteile folgen: Ein einstelliger Nummernteil, welcher zur Klassifizierung in „Kunde" oder „Lieferant" oder „Kunde und Lieferant" dient (eine sogenannte Weiche); ein zweistelliger Nummernteil, der die Umsatzgruppe klassifiziert; schließlich ein zweistelliger Nummernteil, der den zuständigen Sachbearbeiter angibt. Dieses und ein weiteres Beispiel zeigt Tafel 7/3; der Doppelstrich zwischen Zählnummer und den klassifizierenden Nummernteilen soll deren gegenseitige Unabhängigkeit verdeutlichen.

Entscheidender Vorteil von Parallel-Nummernsystemen in computergestützten Informationssystemen ist die Möglichkeit der sogenannten *automatischen Informationsergänzung*. Stamm- und Bestandsdaten eines Nummerungsobjektes (z. B. eines Kunden) werden nach einer reinen Zählnummer geordnet und abgespeichert. Die Bewegungsdaten (Primär- und Wiederverwendungsdaten) brauchen nur mit dieser Zählnummer gekennzeichnet zu werden. Die Ergänzung der Bewegungsdaten mit den Stamm- und Bestandsdaten erfolgt über die identifizierende Zählnummer. Zweifellos sind daher Parallel-Nummernsysteme die

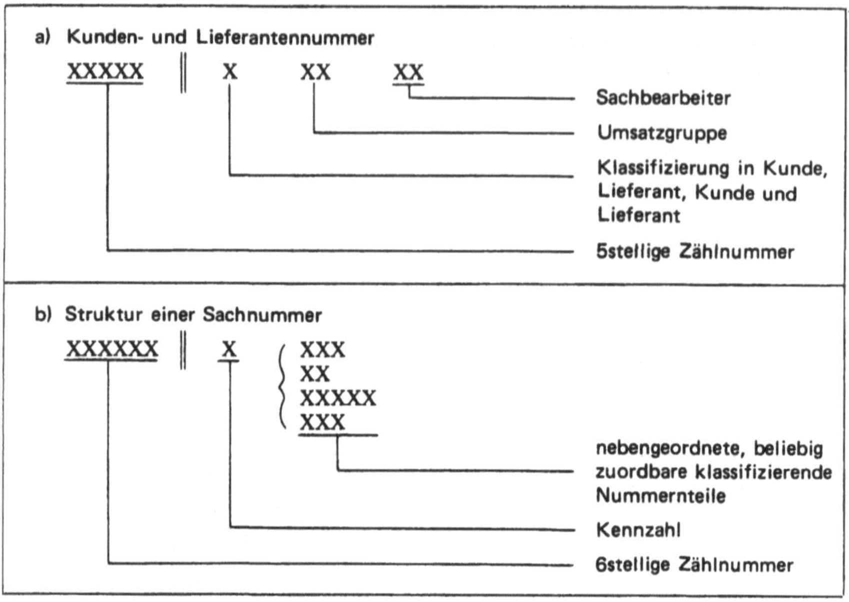

Tafel 7/3. Beispiele für Parallelnummern

idealen Nummernsysteme in computergestützten Informationssystemen. Trotzdem wird man wegen der bereits genannten Probleme der Umstellung von Nummernsystemen weder reine Zählnummern noch Verbundnummern nur deshalb durch Parallelnummern ersetzen.

Kontrollfragen zu 7.2.1.

1) Warum ist der Einsatz einer speziellen Projektgruppe zum Entwickeln des betrieblichen Nummerungssystems zweckmäßig?
2) Welche drei wesentlichen Aktivitäten wurden in diesem Planungsschritt unterschieden?
3) Was heißt (nach DIN 9763) „identifizieren", was heißt „klassifizieren"?
4) Man erläutere den Aufbau eines Verbund-Nummernsystems und gebe ein praktisches Beispiel an.
5) Man erläutere den Aufbau eines Parallel-Nummernsystems; warum kann dieses als „ideal" bezeichnet werden, wenn man von seiner Verwendung in computergestützten Informationssystemen ausgeht?

7.2.2. Entwickeln des Datenschutzsystems

Datenschutzsystem heißt: Eine geordnete Menge von Maßnahmen zur Verhinderung deliktischer Handlungen („Computerkriminalität") in einem Informationssystem. Daneben wird der Begriff „Datenschutz" im Zusammenhang mit der Errichtung von Datenbanken der Öffentlichen Hand verwendet; Datenschutzmaßnahmen zielen hier ab auf die Verhinderung der Beeinträchtigung oder Verletzung der Privatsphäre des einzelnen Bürgers. (Probleme der „totalen Registrierung" des Bürgers und des Zugriffs Unbefugter auf Daten, die seine Privatsphäre betreffen. Datenschutz in diesem Sinne wird durch einschlägige gesetzliche Bestimmungen geregelt. Vgl. z. B. Entwurf eines Gesetzes zum Schutz vor unbefugter Verwendung personenbezogener Daten, Bundesratsdrucksache 391/73 vom 25. 5. 1973, BR Deutschland; weiter kann verwiesen werden auf die Datenschutzgesetze der deutschen Bundesländer Baden-Württemberg, Bayern und Rheinland-Pfalz).

Hier soll Datenschutz im eingangs definierten Sinne verstanden werden. Entwickeln des Datenschutzsystems heißt demnach: Bestimmen aller in einem Informationssystem anzuwendenden Datenschutzmaßnahmen, die in ihrer Gesamtheit geeignet sind, deliktische Handlungen zu verhindern und im Hinblick auf bestimmte Bewertungskriterien optimal sind (z. B. Maximierung der Nutzen-Kosten-Differenz der Datenschutzmaßnahmen).

Die Schwierigkeiten beim Entwickeln des Datenschutzsystems bestehen vor allem darin, daß der Systemplaner nur über unvollkommene Informationen über die Möglichkeiten deliktischer Handlungen verfügt. Es ist daher erforderlich, diese abzuschätzen, den wahrscheinlichen Schaden beim Auftreten deliktischer Handlungen zu ermitteln und geeignete Maßnahmen zu ihrer Verhinderung zu entwerfen und in das computergestützte Informationssystem einzufügen. Mit anderen Worten, die Nutzen-Kosten-Differenzen von Datenschutzmaßnahmen zu bestimmen. Dabei kann ihm eine kasuistische Systematik der Computerkriminalität helfen, die von den Objekten (Daten, Anwenderprogramme und Computersysteme) und von den Mitteln (Entnehmen, Manipulieren, Mißbrauchen und Zerstören) der deliktischen Handlungen ausgeht.

Diese kasuistische Systematik soll auch der nachfolgenden Darstellung zugrunde gelegt und durch praktische Beispiele, die durch Veröffentlichungen der Tagespresse bekannt geworden sind, erläutert werden. Der Projektierungsprozeß für Datenschutzmaßnahmen kann nicht generell, sondern nur für einzelne Datenschutzmaßnahmen gezeigt werden; dies geschieht mit Demonstrationsbeispiel 7/1 am Schluß dieses Kapitels.

Es wird von der in Tafel 7/4 gezeigten Zuordnung von Mitteln auf Objekte deliktischer Handlungen ausgegangen (das Entnehmen und das Manipulieren

Zuordnung von Mitteln auf Objekte deliktischer Handlungen		Objekte		
		Daten	Anwender-programme	Computer-systeme
Mittel	Entnehmen	x	x	
	Manipulieren	x	x	
	Mißbrauchen	x	x	x
	Zerstören	x	x	x

Tafel 7/4. Systematik deliktischer Handlungen

von Computersystemen wird als praktisch nicht relevant angesehen), und es werden verschiedene Felder der Tafel 7/4 behandelt.

Computerkriminalität durch Datenmanipulation

Ist Manipulieren das Mittel und sind Daten die Objekte der Computerkriminalität, dann spricht man von Datenmanipulation. Man versteht darunter das (bewußte) Verfälschen der Eingabedaten (Primär-, Stamm- und Bestands-, Wiederverwendungsdaten; man vgl. Definitionen 6/5, 6/4, 6/2 und 6/3) oder der Ausgabedaten (Benutzer-, Bestands- und Wiederverwendungsdaten; man vgl. zusätzlich Definition 6/1). Die Formen der Datenmanipulation sind vielfältig. Für Primär-, Stamm- und Bestands- sowie Wiederverwendungsdaten lassen sie sich etwa wie folgt ordnen:

- Verzögern der Weitergabe von Datensätzen,
- Aussieben (Unterdrücken) von Datensätzen,
- Erzeugen von Datensätzen,
- Fälschen von Datensätzen und
- Mehrfachverwenden von Datensätzen.

Für Benutzerdaten, die in Form von Listen oder Anzeigen ausgegeben werden, sind folgende Datenmanipulationen zu beachten:

- Verhindern der Datenausgabe,
- Wiederholen der Datenausgabe und
- Unterdrücken von Teilen der Datenausgabe.

Die Wirkung der Datenmanipulation ist nicht permanent, wenn es sich um Primär-, Wiederverwendungs- oder um Benutzerdaten handelt; sie muß also jedesmal wiederholt werden, wenn eine deliktische Handlung beabsichtigt ist. Sie ist permanent, wenn es sich um Stamm- oder Bestandsdaten handelt. Daraus folgt, daß Stamm- und Bestandsdaten ein größeres Schutzbedürfnis haben als die anderen Datenarten.

Beispiel zur Datenmanipulation

Ein Sachbearbeiter einer deutschen Wohnungsbaugesellschaft gründete eine Scheinfirma, auf deren Konto er Zahlungen für nicht erbrachte Leistungen überweisen ließ (Erzeugen von Datensätzen). Er verließ die Firma, nachdem er auf diese Weise 295.000 DM auf das Konto seiner Scheinfirma überwiesen hatte.

Computerkriminalität durch Programmanipulation

Ist Manipulieren das Mittel und sind die Anwenderprogramme die Objekte der Computerkriminalität, dann spricht man von Programmanipulation. Man versteht darunter das (bewußte) Verfälschen von Anwenderprogrammen durch

- Verändern von Programmschritten,
- Beseitigen von Programmschritten,
- Hinzufügen von Programmschritten oder durch
- Verändern von Konstanten.

Programmanipulation wirkt grundsätzlich permanent (wie die Manipulation von Stamm- und Bestandsdaten), so daß in Abhängigkeit von der Häufigkeit der Programmverwendung trotz geringfügiger Einzelmanipulation große Schäden entstehen können.

Beispiel Programmanipulation

Ein Programmierer eines amerikanischen Versicherungsunternehmers nützte die zwischen mehreren Versicherungsunternehmen getroffene Vereinbarung, bei gegenseitigen Abrechnungen auf volle Dollar zu runden. Er manipulierte das Abrechnungsprogramm so, daß bei Abrundungen die Rundungsbeträge kumuliert und seinem Privatkonto gutgeschrieben wurden.

Computerkriminalität durch Diebstahl von Daten und Programmen

Bisher wurde die Manipulation (bewußte Verfälschung) von Daten und Programmen betrachtet. Daten und Programme sind aber auch durch Entnehmen (Diebstahl) gefährdet.

Beispiel Programmdiebstahl

Ein Programmierer eines amerikanischen Mineralölkonzerns kopierte Programme, mit denen die Ölsuche optimiert werden kann, und bot sie gegen Entgelt einem Konkurrenzunternehmen an.

Computerkriminalität durch Mißbrauchen von Computersystemen

Ein Gefährdungsobjekt durch Mißbrauch sind häufig die Computersysteme selbst. Dabei steht vor allem der „Zeitdiebstahl" im Vordergrund, also die mißbräuchliche Benutzung des Computersystems.

Beispiel Mißbrauch von Computersystemen

Ein Mitarbeiter, der als Programmierer und Operator eingesetzt wurde, eröffnete ein „eigenes Servicebüro" und benutzte das Computersystem seines Arbeitsgebers, um die Lohnaufträge seiner Kunden zu verarbeiten.

Computerkriminalität durch Zerstören

Objekte des Zerstörens sind Daten und Programme, aber auch Computersysteme selbst.

Beispiel Zerstören von Daten

Einem Mitarbeiter, der als Operator eingesetzt war, wurde wegen anderer deliktischer Handlungen fristlos gekündigt. „Aus Rache" löschte er mehrere Generationen der Auftragsdatei.

Beim Entwickeln von Datenschutzmaßnahmen steht man auch vor dem Problem der gegenseitigen Abhängigkeit der Gestaltungsentscheidungen der einzelnen Planungsschritte. Mit anderen Worten: Die Möglichkeit deliktischer Handlungen (und damit die Notwendigkeit und die Art von Datenschutzmaßnahmen) ist abhängig von Gestaltungsentscheidungen anderer Planungsschritte, insbesondere von Gestaltungsentscheidungen im Planungsschritt „Entwickeln des Datensicherungssystems" (weil einzelne Datensicherungsmaßnahmen gegen Fehler auch gegen deliktische Handlungen wirken können).

Gegenüber dem Entwickeln des Datensicherungssystems (vgl. Abschnitt 7.2.3) ist das Entwickeln des Datenschutzsystems aus zwei Gründen einfacher:

- Erstens, weil eine Reihe möglicher deliktischer Handlungen ganz unabhängig sind von Gestaltungsentscheidungen in anderen Planungsschritten (z. B. Mißbrauchen und Zerstören von Daten, Programmen und Computersystemen); damit können Datenschutzmaßnahmen auch weitgehend unabhängig entwickelt werden.

– Zweitens, weil Risiken durch deliktische Handlungen teilweise durch Versicherungen abgedeckt werden können.

Sachversicherungen

In der Regel werden durch Sachversicherungen deliktische Handlungen nur abgedeckt beim Vorsatz Dritter, bei Einbruchdiebstahl, Diebstahl, Beraubung, Plünderung und Sabotage, soweit dadurch eine versicherte Sache beschädigt, zerstört oder entwendet wird. Der typische Täter ist also eine betriebsfremde Person. Dagegen zeigt die Erfahrung, daß deliktische Handlungen vornehmlich durch Betriebsangehörige erfolgen; durch Sachversicherungen können diese Risiken nicht abgedeckt werden.

Vertrauensschadenversicherung

Darunter ist eine Form der Kreditversicherung zu verstehen, die gegen Vermögensschäden schützt, die durch vorsätzliche unerlaubte Handlungen der in die Versicherung einbezogenen Mitarbeiter entstehen. (Im allgemeinen nicht ausreichend.)

Mißbrauchversicherung

Diese Versicherung bietet speziellen Schutz gegen einige wichtige Risiken. Zusammen mit der Sachversicherung und der Vertrauensschadenversicherung ergibt sich im allgemeinen ein ausreichender Versicherungsschutz gegen Computerkriminalität.

Am Schluß dieses Kapitels wird ein Demonstrationsbeispiel zum Datenschutzsystem gezeigt (Beispiel 7/1).

Kontrollfragen zu 7.2.2.

1) Was heißt „Datenschutzsystem" und „Entwickeln des Datenschutzsystems"?
2) Bei der verwendeten Systematik der deliktischen Handlungen wurde nach den Mitteln und nach den Objekten der deliktischen Handlungen geordnet; welches sind die Mittel, welches sind die Objekte im einzelnen?
3) Man gebe drei verschiedene Formen der Manipulation von Primärdaten an.
4) Was sagt die Charakterisierung der Wirkung von deliktischen Hand-

lungen als „nicht permanent" bzw. als „permanent" aus; bei welchen Objekten wirkt eine Manipulation nicht, bei welchen Objekten wirkt sie dagegen permanent?

5) Warum sind „Sachversicherungen" zur Abdeckung von Risiken aus deliktischen Handlungen nicht ausreichend?

7.2.3. Entwickeln des Datensicherungssystems

Als dritter Schritt der Feinprojektierung wird das Entwickeln des Datensicherungssystems behandelt. Datensicherungssystem heißt: Eine geordnete Menge von Maßnahmen zur Realisierung eines vorgegebenen *Zuverlässigkeitsgrades* eines Informationssystems. Das Datensicherungssystem erstreckt sich – wie das Datenschutzsystem – auf alle Teilprojekte und innerhalb dieser auf das Datenerfassungs- und Datenausgabesystem ebenso wie auf das Datenverarbeitungs- und das Belegsystem. Es bildet gewissermaßen ein „Sicherungsnetz" über alle Elemente eines Informationssystems und alle Vorgänge in einem Informationssystem.

Während die Aufgabe des Datenschutzsystems das Verhindern deliktischer Handlungen ist (vgl. Abschnitt 7.2.2.), mit anderen Worten: das Verhindern *bewußter* Veränderungen, ist es Aufgabe des Datensicherungssystems, Fehler zu verhindern, mit anderen Worten: das Verhindern *unbewußter* Veränderungen. Daß Datenschutzmaßnahmen und Datensicherungsmaßnahmen einen gemeinsamen Schnitt im Verhindern von Veränderungen haben können, darauf wurde bereits hingewiesen. (So verhindert z. B. das Lagern von Kopien der Anwenderprogramme gleichermaßen die Konsequenzen des Zerstörens der Programmbänder durch deliktische Handlungen wie durch fehlerhaftes Behandeln.)

Entwickeln des Datensicherungssystems heißt: Bestimmen aller in einem Informationssystem anzuwendenden Datensicherungsmaßnahmen, die in ihrer Gesamtheit geeignet sind, den vorgegebenen Zuverlässigkeitsgrad zu realisieren und im Hinblick auf bestimmte Bewertungskriterien optimal (z. B. kostenminimal) sind. Vereinfachend gegenüber dem Entwickeln des Datenschutzsystems wirkt sich hier aus, daß die Fehler, welche den Zuverlässigkeitsgrad beeinflussen, aus der Erfahrung weitgehend bekannt sind, ebenso wie die Wirkung von Datensicherungsmaßnahmen auf die Ausschaltung von Fehlerursachen bzw. auf das Erkennen von Fehlern. (So kann z. B. die Wirkung der verschiedenen Prüfziffernalgorithmen auf das Erkennen der einzelnen Fehlerarten sehr genau angegeben werden. Vgl. auch Abschnitt 7.3.1.).

Zuverlässigkeit

Von zentraler Bedeutung ist in diesem Zusammenhang der Begriff Zuverlässigkeit, der wie folgt definiert wird:

Definition 7/8: Zuverlässigkeit ist das Einhalten vorgegebener Anforderungen, in der Regel innerhalb bestimmter Toleranzgrenzen. Abweichungen außerhalb dieser Toleranzgrenzen werden als Fehler bezeichnet („Unzuverlässigkeit").

Problematisch beim Vorgeben dieser Anforderungen, beim Entwickeln von Datensicherungsmaßnahmen und beim Beurteilen ihrer Wirksamkeit ist die Meßbarkeit der Zuverlässigkeit. Das bekannte Maß „durchschnittliche Zeit zwischen zwei aufeinanderfolgenden Fehlern" ist meist zu grob. Vor allem wird dabei nicht berücksichtigt, daß sich Fehler innerhalb definierter Fehlerklassen gegenseitig beeinflussen können.

Projektierungsschwierigkeiten

Aus der Tatsache, daß das Datensicherungssystem gewissermaßen ein „Sicherungsnetz" über das gesamte computergestützte Informationssystem spannen soll, ergeben sich die wesentlichen Schwierigkeiten beim Entwickeln des Datensicherungssystems.

Erste Schwierigkeit: Zwischen dem Bestimmen von Datensicherungsmaßnahmen und dem Entwickeln der anderen Teilsysteme (z. B. Belegsystem, Datenverarbeitungssystem, Datenerfassungs- und Datenausgabesystem) bestehen enge Abhängigkeiten. Das Datensicherungssystem läßt sich also nicht „für sich", sondern nur für die genannten Teilsysteme zusammen entwickeln. Dies setzt einerseits Projektierungsentscheidungen in diesen Teilsystemen voraus, andererseits sind Projektierungsentscheidungen in diesen Teilsystemen wieder abhängig vom Entwickeln des Datensicherungssystems.

Zweite Schwierigkeit: Beim Bestimmen von Datensicherungsmaßnahmen bestehen auch zwischen den genannten Teilsystemen (z. B. zwischen Datenverarbeitungssystem einerseits und Datenerfassungs- und Datenausgabesystem andererseits) Abhängigkeiten. Für den Benutzer und damit für den Systemplaner ist nicht die Zuverlässigkeit einzelner Teilsysteme Ziel, sondern die Zuverlässigkeit der Durchführung jeder einzelnen Datenverarbeitungsaufgabe. Jede Datenverarbeitungsaufgabe wird aber nicht nur in einem dieser Teilsysteme, sondern in allen Teilsystemen durchgeführt. (Also sowohl im Belegsystem als auch im Datenerfassungssystem usw.).

Vorgehensweise zur Projektierung

Wie bereits erwähnt (vgl. Abschnitt 7.1.), handelt es sich beim Entwickeln des Datensicherungssystems um eine Querschnittsaufgabe. Die oben genannten

Schwierigkeiten machen es aber notwendig, bei der Projektierung teilprojektbezogen vorzugehen und innerhalb der Teilprojekte sogar weiter nach Teilsystemen zu zergliedern. (Hier erweist es sich auch als zweckmäßig, Datenerfassungs- und Datenausgabesystem getrennt zu betrachten.) Innerhalb dieser Teilsysteme wird es vielfach erforderlich sein, wegen der unterschiedlichen Anforderungen an die Zuverlässigkeit der einzelnen Datenverarbeitungsaufgaben weiter zu zergliedern. (So wird man z. B. beim Entwickeln des Da-

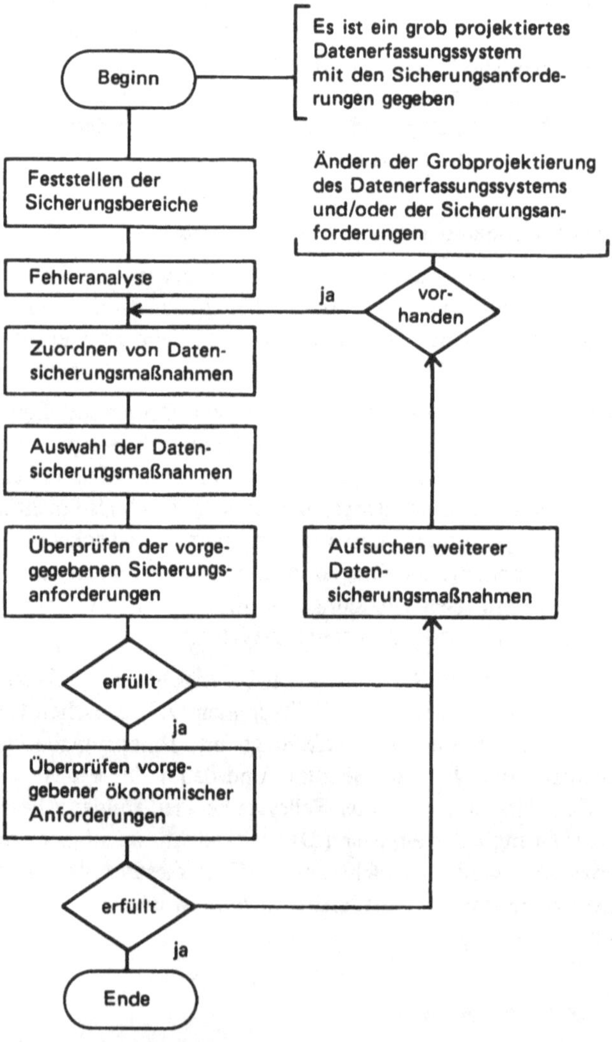

Abb. 7/3. Projektierungsablauf zum Entwickeln des Datensicherungssystems im Datenerfassungssystem

tensicherungssystems im Datenerfassungssystem jeden einzelnen Datenerfassungsprozeß als Gestaltungsobjekt behandeln.)

Wegen der sichtbaren Komplexität beim Entwickeln des Datensicherungssystems soll ein geeigneter Projektierungsablauf beispielhaft für das Entwickeln des Datensicherungssystems im Datenerfassungssystem dargestellt werden; Abb. 7/3 zeigt ihn als groben Programmablaufplan. Nachfolgend werden die einzelnen Planungsaktivitäten erläutert.

Beginn

Ein projektiertes Datenerfassungssystem ist gegeben, wie es aus der Planungsstufe Grobprojektierung übernommen (vgl. Abschnitt 6.2.3., insbesondere die Planungsaktivität „Verfahrensauswahl für das Datenerfassungssystem") und in der Feinprojektierung bis zur Geräteauswahl fortgeführt wurde (vgl. Abschnitt 7.2.6.). Weiter ist für jeden einzelnen Datenerfassungsprozeß die geforderte Zuverlässigkeit bekannt.

Feststellen der Sicherungsbereiche

Da das anzuwendende Datenerfassungsverfahren und die einzusetzende Gerätetechnik bestimmt sind, lassen sich die einzelnen Sicherungsbereiche ableiten. Jeder Sicherungsbereich ist durch eine geordnete Menge von Ablaufschritten beschrieben, deren Zweck es ist, den Eingabedatenstrom der Primärdaten des Sicherungsbereichs n in den geforderten Eingabedatenstrom der Primärdaten des nachfolgenden Sicherungsbereichs n + 1 zu überführen. Unzuverlässigkeit durch Fehler kann theoretisch in jedem Sicherungsbereich durch jeden Ablaufschritt verursacht werden. Daher sind zunächst sämtliche Sicherungsbereiche zu definieren, und zwar durch Angabe des Eingabedatenstroms, der Ablaufschritte der Bearbeitung dieses Eingabedatenstroms und durch den entstehenden Ausgabedatenstrom. Die einzelnen Ablaufschritte sind daraufhin zu beurteilen, ob und wenn ja welche Fehlerursachen durch die Art der Bearbeitung gegeben sind.

Beispielsweise ist ein Sicherungsbereich (hier vereinfachend umschrieben) mit „Eintasten der Daten vom Beleg in das Datenerfassungsgerät" gegeben. Fehlerursachen sind dann durch die erfahrungsgemäß große Zeichenfehlerwahrscheinlichkeit des Menschen gegeben (die etwa mit $10^{-2} \ldots 10^{-3}$ anzunehmen ist).

Fehlerursachen

Die festgestellten Fehlerursachen jedes Sicherungsbereichs sind hinsichtlich ihrer Auswirkungen auf die geforderte Zuverlässigkeit zu bewerten. Bei dieser

Bewertung sind alle nachfolgenden Sicherungsbereiche einzubeziehen, um sowohl mögliche Fehlerkompensationen als auch Fehlerakkumulationen zu berücksichtigen.

Untersuchung	A	B
Relative Fehlerhäufigkeit	0,077 %	0,0992 %
Fehlerart	%	%
Ein Zeichen zuviel	3,4	3,9
Ein Zeichen zuwenig	3,0	4,8
Ein Zeichen falsch	76,8	76,5
Zwei Zeichen falsch	6,7	7,3
Drehfehler ab–ba	3,4	4,9
Doppel-Drehfehler abcd–adcb	6,7	0,2
Sonstige Fehler	–	2,4

Tafel 7/5. Eingabefehler in % bezogen auf 100 von der Bedienungskraft nicht erkannte Falscheingaben

Tafel 7/5 zeigt beispielsweise Erfahrungswerte über die relative Fehlerhäufigkeit insgesamt und aufgeschlüsselt auf einzelne Fehler im Sicherungsbereich „Eintasten der Daten vom Beleg in das Datenerfassungsgerät"; dabei werden die empirischen Meßergebnisse von zwei Untersuchungen A und B angegeben. Untersuchung A zeigt z. B., daß rd. 8 von 10.000 Zeichen falsch eingegeben wurden; davon entfielen rd. 6 auf die Fehlerart „Ein Zeichen falsch".

Zuordnen von Datensicherungsmaßnahmen

Fehler, die einzeln oder in Verbindung mit anderen Fehlern zu Unzuverlässigkeit führen, sollen durch Zuordnen von Datensicherungsmaßnahmen beseitigt oder zumindest in ihrer Wirkung so weit abgeschwächt werden, daß Unzuverlässigkeit nicht eintritt. Es ist zweckmäßig, wenn der Systemplaner hierbei nicht (oder zumindest nicht ausschließlich) von einer Checkliste von Datensicherungsmaßnahmen, sondern von einer Systematik von Datensicherungsmaßnahmen ausgeht. Diese kann mittels folgender Gliederungsgesichtspunkte (Dimensionen) gegeben werden:

Erste Dimension

Nach der *Phase* der Datensicherung wird in vorbeugende, kontrollierende und korrigierende Datensicherungsmaßnahmen gegliedert. Mit der Phase wird eine Datensicherungsmaßnahme bezüglich des Zeitpunktes ihres Eingreifens im Vergleich zum Zeitpunkt der Durchführung des Ablaufschritts der Bearbeitung des Eingabedatenstroms im Sicherungsbereich, der eine Fehlerursache enthält, charakterisiert. Vereinfacht gesagt, ob die Datensicherungsmaßnahme vor, während oder nach Durchführung des betreffenden Ablaufschritts ansetzt.

Zweite Dimension

Nach dem *Instrumental-Charakter* der Datensicherung wird in organisatorische, hardwaremäßige und softwaremäßige Datensicherungsmaßnahmen gegliedert. Mit dem Instrumental-Charakter wird eine Datensicherungsmaßnahme bezüglich der Art des verwendeten Sachmittels charakterisiert.

Dritte Dimension

Nach dem *Gegenstand* der Datensicherung wird in materielle, formale und zeitliche Datensicherungsmaßnahmen gegliedert. Mit dem Gegenstand wird eine Datensicherungsmaßnahme bezüglich der Art der Sicherungsanforderung charakterisiert, auf deren Einhaltung sie angesetzt wird. Materielle Fehler sind beispielsweise Ordnungskriterien (Nummern), die unzutreffend auf Daten zugeordnet werden (wenn etwa die Bestellung des Kunden A mit der Kundennummer von B verarbeitet wird). Formale Fehler sind beispielsweise fehler-

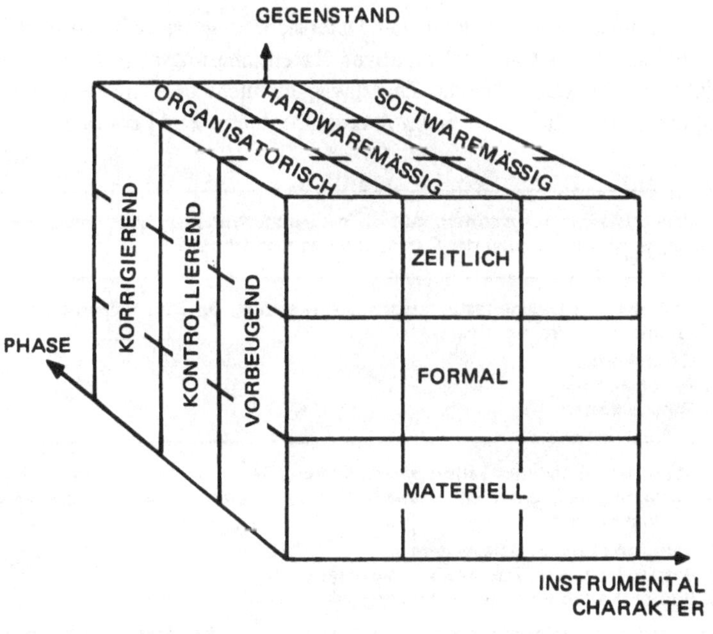

Abb. 7/4. Systematik der Datensicherungsmaßnahmen

hafte Feldfolgen eines Datensatzes. Zeitliche Fehler kennzeichnen Abweichungen der Verfügbarkeitstermine der Datensätze von Terminvorgaben (wenn etwa die Datensätze zur Bruttolohnabrechnung zum geplanten Zeitpunkt der Bruttolohnverarbeitung nicht vollständig verfügbar sind).

Man kann den Gesamtkomplex der Datensicherungsmaßnahmen als Würfel darstellen, wie Abb. 7/4 zeigt. Daraus kann man 27 Klassen von Datensicherungsmaßnahmen ableiten. Mit anderen Worten zeigt Abb. 7/4 ein *Erklärungsmodell* der Datensicherungsmaßnahmen; zur Gestaltung des Datensicherungssystems ist es nicht unmittelbar anwendbar. Das Erklärungsmodell hilft dem Systemplaner bei der Einschätzung der Wirksamkeit von Datensicherungsmaßnahmen. Dabei muß beachtet werden, daß sich verschiedene Datensicherungsmaßnahmen nicht exakt in dieses Erklärungsmodell einordnen lassen; vor allem bezüglich des Instrumental-Charakters können sie mehrere Ausprägungen haben. So kann z. B. eine kontrollierende Datensicherungsmaßnahme wie die Bildung von Abstimmsummen zur Einhaltung materieller Anforderungen am besten durch gemeinsame Anwendung organisatorischer und softwaremäßiger Vorkehrungen realisiert werden.

Auswahl der Datensicherungsmaßnahmen

Es ist aufgrund der Vielfalt möglicher Datensicherungsmaßnahmen denkbar, daß ein Fehler mit mehreren alternativen Datensicherungsmaßnahmen so weit beeinflußt werden kann, daß die Zuverlässigkeit nicht beeinträchtigt wird. Der Systemplaner steht dann vor einem Auswahlproblem. Zur Lösung kann man

1. Anteilige Systemplanungskosten: Auf die geschätzte Nutzungsdauer umgelegte Aufwendungen für die Planung der Datensicherungsmaßnahme
2. Betriebskosten im Datenerfassungssystem: Anwendung der Datensicherungsmaßnahme im Systembetrieb, im einzelnen: 2.1. Gerätekosten 2.2. Personalkosten 2.3. Materialkosten
3. Betriebskosten in anderen Teilsystemen: Kosten, die im Gefolge der Anwendung der Datensicherungsmaßnahme im Datenerfassungssystem in anderen Teilsystemen entstehen, im einzelnen: 3.1. Betriebskosten im Belegsystem 3.2. Betriebskosten im Datenverarbeitungssystem 3.3. Betriebskosten im Datenausgabesystem

Tafel 7/6. Kostenartengliederung zur Auswahl von Datensicherungsmaßnahmen

davon ausgehen, daß der Nutzen alternativer Datensicherungsmaßnahmen gleich hoch ist (eine Erhöhung der Zuverlässigkeit über den geforderten Zuverlässigkeitsgrad hinaus bringt keinen Zusatznutzen). Daher ist es nicht notwendig, zur Lösung des Auswahlproblems den Nutzen alternativer Datensicherungsmaßnahmen quantitativ zu bestimmen (was nebenbei bemerkt praktisch auch kaum möglich ist). Als optimale Alternative kann daher die kostenminimale Alternative bestimmt werden. Zweckmäßigerweise wird zur Ermittlung eine dynamisierte Kostenvergleichsrechnung verwendet (vgl. Abschnitt 3.4.9.). Die zu berücksichtigenden Kostenarten zeigt Tafel 7/6.

Überprüfen der vorgegebenen Sicherungsanforderungen

Durch das sukzessive Entwickeln des Datensicherungssystems im Vergleich zu den anderen Teilsystemen eines Teilprojektes und der verschiedenen Teilprojekte untereinander ist es notwendig, Zwischenergebnisse der Projektierung abzustimmen und zu koordinieren. Dabei ist insbesondere zu überprüfen, ob die durch logische Abhängigkeiten bedingten Sicherungsanforderungen im Gesamtsystem von der projektierten Sicherungskonzeption im Datenerfassungssystem (im vorliegenden Beispiel) erfüllt werden. Angenommen, die Anforderungen sind nicht erfüllt: Dann ist zunächst zu überprüfen, ob im Rahmen des so weit projektierten Datenerfassungssystems weitere Datensicherungsmaßnahmen verfügbar sind. Wenn ja, ist das Sicherungskonzept zu ergänzen und erneut zu bewerten. Wenn nein, ist das Datenerfassungssystem so umzugestalten, daß durch Datensicherungsmaßnahmen nicht abdeckbare Fehlerursachen beseitigt bzw. eingeschränkt werden. (Vgl. dazu Abb. 7/3, welche je nach dem Ergebnis der Überprüfung den Fortgang des Projektierungsablaufs zeigt.)

Überprüfen vorgegebener ökonomischer Anforderungen

Bewerten der Datensicherung bedeutet weiter, daß das gesamte Sicherungskonzept hinsichtlich seiner ökonomischen Konsequenzen untersucht wird. Hierzu sind beispielsweise die Gesamtkosten über alle geplanten Datensicherungsmaßnahmen im Datenerfassungssystem zu ermitteln. Die Interpretationsmöglichkeiten derartiger Ermittlungsergebnisse dürfen nicht überschätzt werden. Sie sagen nur aus, wie hoch die Betriebskosten (die Investitionssumme o. ä.) des Datensicherungssystems bei den vorgegebenen Sicherungsanforderungen (der geforderten Zuverlässigkeit) sind. Bei der Vorgabe der geforderten Zuverlässigkeit sollte beachtet werden, daß die Kostenkurve in Abhängigkeit von der Zuverlässigkeit im allgemeinen exponentiell ansteigt. Mit anderen Worten: Die Erhöhung der Zuverlässigkeit verursacht überproportional steigende Kosten; eine 100prozentige Zuverlässigkeit läßt sich allein aus Kostengründen praktisch nicht realisieren.

Zur Vertiefung der Datensicherung wird auf Abschnitt 7.3.1. verwiesen, in dem die Datensicherungsmaßnahme Prüfziffern detailliert entwickelt wird.

Kontrollfragen zu 7.2.3.

1) Was heißt „Datensicherungssystem" und „Entwickeln des Datensicherungssystems"?
2) Man gebe mit eigenen Worten eine Definition für „Zuverlässigkeit" (bzw. für Unzuverlässigkeit).
3) Welches sind die bestimmenden Aktivitäten des Projektierungsablaufs für das Entwickeln des Datensicherungssystems im Datenerfassungssystem?
4) Zur Systematisierung der Datensicherungsmaßnahmen werden drei „Dimensionen" verwendet; um welche Dimension handelt es sich und welches sind ihre Ausprägungen?
5) Man hat häufig das Problem „Auswahl von Datensicherungsmaßnahmen" (wenn mehrere alternative Datensicherungsmaßnahmen gegeben sind); warum reicht zur Problemlösung eine Kostenvergleichsrechnung aus?

7.2.4. Entwickeln des Belegsystems

Als vierter Schritt der Feinprojektierung wird das Entwickeln des Belegsystems behandelt. Das Entwickeln des Belegsystems ist als eine weitere Querschnittsaufgabe der Feinprojektierung zu betrachten, die allerdings ohne engen Bezug auf die einzelnen Teilprojekte nicht gelöst werden kann.

Die Kennzeichnung des Entwickelns des Belegsystems als Querschnittsaufgabe ergibt sich daraus, daß Belege nicht nur in den einzelnen Teilsystemen des computergestützten Informationssystems verwendet werden, sondern daß darüber hinaus das Belegsystem nahezu jede Einzelaufgabe des betrieblichen Aufgabensystems umspannt. Weiter: Dem Belegsystem kommt eine wichtige Aufgabe als Verbindung zwischen den realen Prozessen im betrieblichen Aufgabensystem und den Datenverarbeitungsprozessen (und umgekehrt), also den computergestützten Datenverarbeitungsaufgaben, zu.

Gerade wegen der zuletzt genannten Aufgabe des Belegsystems gilt, daß das Entwickeln der Belege nur mit engem Bezug aus die einzelnen Teilprojekte möglich ist: Das Entwickeln der Belege auf der Ausgabeseite der Datenverarbeitungsprozesse (z. B. „Listen") ist im allgemeinen Voraussetzung für das Entwickeln der Anwenderprogramme (vgl. Abschnitt 7.2.6.); das Entwickeln der Anwenderprogramme wiederum beeinflußt das Entwickeln der Belege aus der Eingabeseite der Datenverarbeitungsprozesse (z. B. „Erfassungsbelege").

Mit anderen Worten kann diese Querschnittsaufgabe so gekennzeichnet werden: Im Zusammenhang mit der Feinprojektierung für computergestützte Informationssysteme ist es zweckmäßig und notwendig, das gesamte Belegsystem im betrieblichen Aufgabensystem zu analysieren und zu gestalten. Analog zum Entwickeln des betrieblichen Nummerungssystems sollte dafür eine spezielle Projektgruppe zuständig sein, die eine enge Zusammenarbeit mit den betroffenen Struktureinheiten einerseits und den Projektgruppen andererseits realisiert, welche in der Feinprojektierung die übrigen Teilsysteme bearbeiten. Dabei wird von folgender Definition für Beleg bzw. Belegsystem ausgegangen:

Definition 7/9: Beleg ist jeder im betrieblichen Aufgabensystem verwendete Datenträger, der visuell verarbeitet werden kann; Belegsystem ist die Menge dieser Datenträger einschließlich ihrer Erstellung, Weiterleitung und Verwendung.

Ausschließlich maschinell verarbeitbare Datenträger werden also in diesem Zusammenhang nicht betrachtet. (Dazu vgl. man z. B. das Projektieren der Datenträger in Abschnitt 7.2.5.).

Trotz der engen Vernetzung des Belegsystems über alle betrieblichen Aufgaben soll hier nur das Untersystem betrachtet werden, das unmittelbar durch die computergestützt abzuwickelnden Datenverarbeitungsaufgaben betroffen ist. Dabei handelt es sich im einzelnen:

- Um Belege, welche in den realen betrieblichen Prozessen verwendet werden, aus denen Datenverarbeitungsaufgaben computergestützt abgearbeitet werden sollen. (Z. B. die im realen Prozeß „Lagerzugänge und Lagerabgänge" verwendeten Belege, etwa Lagerbestandskarteien, wenn „Lagerbestandsführung" eine Datenverarbeitungsaufgabe ist.)
- Um Belege, welche die Verbindung zwischen den realen Prozessen und den zukünftigen Datenverarbeitungsprozessen herstellen sollen. (Im obigen Beispiel etwa um Materialentnahmescheine.)
- Um Belege, welche die Verbindung zwischen den zukünftigen Datenverarbeitungsprozessen und den realen Prozessen herstellen sollen. (Im obigen Beispiel etwa um Lagerbestandslisten.)
- Schließlich um Belege, die zur Planung, Steuerung, Überwachung und Abrechnung der zukünftigen Datenverarbeitungsprozesse selbst erforderlich sind (z. B. Datenträger-Begleitpapiere, Arbeitspläne und Logbücher im Rechenzentrumsbetrieb); darauf wird im Zusammenhang mit der Implementierungsvorbereitung näher eingegangen (vgl. Abschnitt 8.2.4.).

Das Entwickeln des Belegsystems soll nachfolgend in drei Planungsaktivitäten gegliedert gezeigt werden:

- Analysieren des bestehenden Belegsystems,
- Herausarbeiten der Anforderungen an das zu entwickelnde Belegsystem und
- Projektieren der Belege und der Belegflüsse.

Analysieren des Belegsystems

Analysieren des Belegsystems heißt: Überprüfen des Belegaufbaus und der Belegflüsse aller Belege, die in den in das computergestützte Informationssystem einbezogenen Datenverarbeitungsaufgaben verwendet werden. Dabei setzt man bei den Ergebnissen der Systemanalyse an (vgl. z. B. Tafeln 4/3 und 5/1 sowie die zugehörigen Texte). Daß man bei der Feinprojektierung nochmals in eine Analysetätigkeit eintritt, ist damit zu begründen, daß die Notwendigkeit oder Zweckmäßigkeit der Belege und der Belegflüsse oft erst unter Berücksichtigung des Informationsgewinns der Grobprojektierung und auch verschiedener Entscheidungen der Feinprojektierung in anderen Teilsystemen möglich ist.

Anforderungen an das Belegsystem

Beim Herausarbeiten der Anforderungen an das Belegsystem sind sowohl und in erster Linie die Anforderungen der personellen Aktionsträger im betrieblichen Aufgabensystem, weiter die Anforderungen der einzusetzenden Sachmittel (insbesondere der Sachmittel im Datenverarbeitungs- sowie im Datenerfassungs- und Datenausgabesystem) und schließlich außerbetriebliche Anforderungen zu erfassen (z. B. Anforderungen von Kunden und Lieferanten, handels- und steuerrechtliche Anforderungen). Gestaltungsanforderungen an die Belege beziehen sich vor allem auf:

- Das Belegformat (Größe, Abmessung); man sollte möglichst genormte, nicht über DIN A 4 hinausgehende Formate verwenden (um das manuelle Handling und die Ablage zu erleichtern). Weiter sollte bei der Formulierung der Anforderungen berücksichtigt werden, daß das Belegformat für geschlossene Ablagen (z. B. Auftragsbestätigung, Lieferschein und Rechnung für die Kundenakte) kompatibel ist. Auch sollten Anforderungen vermieden werden, welche beim Postversand eine spezielle Versandaufbereitung nach sich ziehen.
- Das Belegmaterial; die Bedingungen des Belegumlaufs (wie Verschmutzung durch Staub) sind zu beachten, die Anzahl erforderlicher Kopien, Komfortwünsche und das Gewicht beim Belegtransport.
- Die Beleggliederung; die Anordnung der Daten sollte dem Arbeitsablauf beim Erstellen bzw. Verwenden der Belege entsprechen.
- Die Belegfarbe; diese sollte sich von der Farbe des Druck- oder Schreibmaterials gut abheben (Erleichterung der Lesbarkeit).
- Die Beleganzahl (Kopienanzahl); bei der Festlegung der Anforderungen ist hier auf technisch-wirtschaftliche Tatbestände Rücksicht zu nehmen wie Art der Belegherstellung (Art des Kopierverfahrens, Festigkeit des Formularsatzes, Formate), Belegverarbeitung auf Schnelldruckern und nach dem Drucken (Separieren und Trennen).

Projektieren der Belege und der Belegflüsse

Hier sind folgende Entscheidungstatbestände von Bedeutung:

- Welche Belege sollen verwendet werden (Belegarten)?
- Welche Stellen im Belegfluß sollen die Belege bearbeiten (erstellen, weiterleiten, verwenden)?
- Welche Bearbeitungsoperationen sollen im Belegfluß in welchen Bearbeitungsstellen ausgeführt werden?
- Wie sind die Belege im einzelnen zu gestalten (Format, Material, Gliederung, Farbe, Kopienanzahl)?

Belegarten

Bei der Festlegung der Belegarten sollte von dem Grundsatz ausgegangen werden, so wenig verschiedene Belegarten wie möglich zu verwenden. Folgende Strategien stehen dem Systemplaner zur Durchsetzung dieses Grundsatzes zur Verfügung:

- Verdichten und Straffen der Belege; dazu werden an anderer Stelle methodische Hinweise gegeben (vgl. Abschnitt 7.3.2.).
- Mehrfachverwenden der Belege, d. h. Verwenden gleicher Belege in den realen betrieblichen Prozessen und im Datenerfassungs- und Datenausgabesystem.
- Ersetzen der Belege durch beleglose Kommunikationsmittel.

In der genannten Reihenfolge wächst die Komplexität der Strategien, d. h. ihre Abhängigkeit von grundlegenden Gestaltungsentscheidungen sowohl in anderen Systemplanungsstufen als auch in anderen Teilsystemen während der Feinprojektierung. Das Verdichten und Straffen der Belege ist von derartigen Entscheidungen ziemlich unabhängig.

Mehrfachverwenden heißt, daß ein Beleg sowohl personell verarbeitbarer Beleg im realen betrieblichen Prozeß als auch maschinell verarbeitbarer Beleg im Datenerfassungsprozeß ist („halbdirekter Verbindungsgrad"). Dabei kann dieser Beleg entweder erst im realen betrieblichen Prozeß erstellt oder bereits vom Datenausgabesystem beigestellt werden (und im realen betrieblichen Prozeß gegebenenfalls ergänzt werden). Der Gestaltungsspielraum in der Feinprojektierung wird dazu durch die grundlegenden Gestaltungsentscheidungen zum Datenerfassungssystem während der Grobprojektierung bestimmt (vgl. Abschnitt 6.2.3., insbesondere Tafel 6/1 mit Erläuterungen). Diese bedeutsame Planungsstrategie soll an einem Beispiel erläutert werden.

Ein typisches Medium halbdirekter Verbindung ist die *Verbundlochkarte,* die im Datenausgabesystem erzeugt, als personell verarbeitbarer Beleg in den realen Prozessen verwendet und als maschinell verarbeitbarer Beleg vom Datenerfassungssystem wieder aufgenommen wird. Beispielsweise werden bei fertigungswirtschaftlichen Anwendungen „Materialentnahmescheine" als Markierlochkarten erzeugt, im realen Prozeß personell verarbeitet (durch Markierung, z. B. der Entnahmemengen) und als maschinell verarbeitbarer Beleg (Primärdatenträger) an das Datenerfassungssystem weitergegeben. An diesem Beispiel wird deutlich, daß das Entwickeln von mehrfach verwendbaren Belegen eine enge Abstimmung und Koordinierung der Feinprojektierung zwischen Belegsystem einerseits sowie Datenerfassungs- und Datenausgabesystem andererseits voraussetzt.

Ersetzen der Belege heißt, daß statt der Belege beleglose Kommunikationsmittel zwischen den personellen Aktionsträgern und dem Datenverarbeitungssystem eingesetzt werden („direkter Verbindungsgrad"). Dazu wird der Gestaltungsspielraum der Feinprojektierung meist schon durch die Grundsatzentscheidung „Verfahrensauswahl" bestimmt. (Man vgl. dazu die Anmerkungen zum Dialogsystem in Abschnitt 6.2.3.). Diese Planungsstrategie soll am bereits oben verwendeten Beispiel erläutert werden.

Dialogsystem heißt, daß der personelle Aktionsträger im realen betrieblichen Prozeß über on-line an das Computersystem angeschlossene Datenendgeräte sowohl die Datenerfassung als auch die Datenausgabe steuern kann. Bei fertigungswirtschaftlichen Anwendungen wird der „Materialentnahmeschein" vom Benutzer zum Objektzeitpunkt abgerufen, auf einem Bildschirm angezeigt und – etwa durch Eingeben der Entnahmemenge – „verarbeitet"; gleichzeitig hat man den Datenerfassungsprozeß bewältigt. Über Drucker oder Kopiereinrichtungen kann bei Bedarf ein Beleg erzeugt werden.

Im Zusammenhang mit dem Entwickeln des Belegsystems konnte nur in aller Kürze auf diese bedeutsamen Planungsstrategien eingegangen werden. Ziel dieser Erläuterungen war es, deutlich zu machen, daß grundlegende Veränderungen des Belegsystems von anderen Gestaltungsentscheidungen der Vorstudie und der Grobprojektierung determiniert werden.

Belegfluß

Der Belegfluß wird durch das Festlegen der Bearbeitungsstellen der Belege und der Bearbeitungsoperationen an den Belegen bestimmt; durch die Bearbeitungsoperationen wiederum wird der Beleginhalt festgelegt. (Zur Unterstützung der Projektierungsarbeit sind vor allem die in den Abschnitten 3.4.4. und 3.4.5. erläuterten Beschreibungsmethoden zu verwenden.)

Die entscheidende Schwierigkeit beim Projektieren des Belegflusses im Rahmen der Planung computergestützter Informationssysteme besteht darin, daß einerseits Bearbeitungsoperationen und damit möglicherweise ganze Bearbeitungsstellen verschwinden (weil bisher manuell unterstützte Operationen durch Datenverarbeitungsprozesse im Datenverarbeitungssystem abgelöst werden), andererseits aber erfahrungsgemäß neue Bearbeitungsoperationen und damit möglicherweise ganze Bearbeitungsstellen entstehen (man denke z. B. an die im Zusammenhang mit der Datenerfassung notwendigen Bearbeitungsoperationen und -stellen).

Ausgangspunkt der Projektierung sind die Ergebnisse der Istzustandsanalyse, die in Verbindung mit den Projektierungsentscheidungen der Grobprojektierung aussagen, welche Bearbeitungsoperationen (und damit möglicherweise welche Bearbeitungsstellen) entfallen. Der sich danach ergebende Belegfluß ist zu ergänzen durch die Bearbeitungsoperationen (und möglicherweise durch die Bearbeitungsstellen), welche durch die computergestützte Abwicklung der Datenverarbeitungsaufgaben auf Grund der Projektierungsentscheidungen der Großprojektierung entstehen. Der sich dann ergebende Belegfluß ist weiter zu verfeinern

- durch die Auswirkungen der Projektierungsentscheidungen der Feinprojektierung in den anderen Teilsystemen (z. B. durch Entscheidungen zum betrieblichen Nummerungssystem: Einführen neuer Nummernsysteme mit der Folge weiterer Bearbeitungsoperationen, etwa Nummernvergabe);
- durch Optimierungsmaßnahmen im Belegfluß (z. B. durch das Zusammenziehen mehrerer Bearbeitungsoperationen zur Nummernvergabe auf eine Bearbeitungsstelle).

Formal gesehen handelt es sich beim Projektieren des Belegflusses um folgendes: Man hat eine Menge A von Bearbeitungsoperationen und eine Menge B von Bearbeitungsstellen. Gesucht wird zunächst je Belegart und dann über alle Belegarten eine optimale Zuordnung X von A auf B. (Man kann hier als Beschreibungshilfsmittel die Matrixanalyse verwenden, vgl. Abschnitt 3.4.6.) Das Problem besteht darin, daß im konkreten Planungsprozeß weder A noch B gegeben sind und X folglich nicht bestimmt werden kann. Man kann sich hier nur so helfen, daß man möglichst realistische Annahmen über A und B trifft und den Zuordnungsprozeß so oft wiederholt, bis A und B relativ stabil werden.

Beleggestaltung

Schließlich ist für jede Belegart die Beleggestaltung festzulegen, also ausgehend von den Projektierungsergebnissen zum Belegfluß (Bearbeitungsstellen, Bearbeitungsoperationen und damit Beleginhalt) das Format, das Material, die Gliederung und die Farbe der Belege. Im Zusammenhang mit dem Herausarbeiten der Anforderungen wurden dazu bereits einige Hinweise gegeben. Tafel 7/7 gibt Gestaltungshinweise für die Wahl der Belegfarbe (Druck- und Untergrundfarbe).

Eine die Beleggestaltung überlagernde Grundsatzfrage heißt „Vordruck- oder Blankobelege? ". Gründe für die Wahl von *Vordruckbelegen* sind:

Grad der Lesbarkeit	Druckfarbe	Untergrundfarbe
1	schwarz	gelb
2	grün	weiß
3	rot	weiß
4	blau	weiß
5	weiß	blau
6	schwarz	weiß
7	gelb	schwarz
8	weiß	rot
9	weiß	grün
10	weiß	schwarz
11	rot	gelb
12	grün	rot
13	rot	grün

Tafel 7/7. Tabelle der Lesbarkeit nach Le Courier

- Gesetzliche Vorschriften (z. B. Steuererklärungen),
- Usancen des Geschäftsverkehrs (z. B. Rechnungen, Lieferscheine, Kontoauszüge),
- bessere Übersichtlichkeit für die dispositive Auswertung durch die personellen Aktionsträger im Aufgabensystem.

Liegen derartige Gründe nicht vor, wird man *Blankobelege* wählen, und zwar aus folgenden Gründen:

- Keine Kosten für Druck und Vorhaltung von Formularen,
- keine Dispositionsprobleme mit Formularen,
- keine Drucker-Umrüstzeiten und -kosten für Formularwechsel,
- große Flexibilität bei Formularänderungen.

Die schlechtere Übersichtlichkeit von Blankobelegen kann durch großzügige Druckanordnung und zusätzliche Zeilen- und Belegbegrenzungen verbessert werden. Nachteilig ist die Erhöhung der Druckzeit durch das zusätzliche Drucken der Überschriften, Hinweistexte und Begrenzungen. Die Reduzierung der Rüstzeiten ist bei Vordruckbelegen durch Schaffung von Mehrzweckvordrucken (z. B. Lieferschein *und* Rechnung) möglich. Die Beleggestaltung für Drucklisten wird im Demonstrationsteil als Beispiel 7/2 am Schluß dieses Kapitels gezeigt.

Es soll ausdrücklich darauf hingewiesen werden, daß es sich beim Entwickeln des Belegsystems um einen sehr schlecht strukturierbaren und komplizierten Gestaltungsprozeß handelt. Das Belegsystem hat aber eine so fundamentale Bedeutung für die Funktionsfähigkeit eines computergestützten Informationssystems, daß diese Aufgabe sehr bewußt und ernsthaft bearbeitet werden muß. Zweifellos werden zukünftige Informationssysteme durch veränderte oder neue technische Hilfsmittel (z. B. Bildschirm, Kopieren am Bildschirm, schnelle und kleine nicht-mechanische Drucker, Integration von Daten- und Textverarbeitung mit der Nachrichtenübermittlung) die heute vorherrschende „Papierorientierung" der Informationssysteme wesentlich abschwächen; „beleglose Informationssysteme" sind allerdings ein Mythos. So wird das Entwickeln des Belegsystems immer eine wesentliche Aufgabe der Systemplanung bleiben.

Kontrollfragen zu 7.2.4.

1) Man gebe mit eigenen Worten eine Definition für „Beleg" und für „Belegsystem".
2) Welche drei Aktivitäten zum Entwickeln des Belegsystems wurden hier behandelt?
3) Worauf im einzelnen beziehen sich „Anforderungen an die Gestaltung der Belege"?
4) Welche Entscheidungstatbestände wurden beim „Projektieren" der Belege und der Belegflüsse erläutert?
5) Man erläutere die Planungsstrategien „Mehrfachverwenden" und „Ersetzen" von Belegen; man gebe dazu je ein Beispiel an.

7.2.5. Entwickeln des Datenerfassungs- und Datenausgabesystems

Als fünfter Schritt der Feinprojektierung wird das Entwickeln des Datenerfassungs- und Datenausgabesystems besprochen. In Abschnitt 7.1. ist erwähnt worden, daß es zweckmäßig ist, Datenerfassungs- und Datenausgabesystem geschlossen zu behandeln. Dies soll zunächst begründet werden. Anschließend werden die Aktivitäten beim Entwickeln dieses Teilsystems dargestellt.

Ein generelles Ziel beim Planen computergestützter Informationssysteme ist darin zu sehen, das Datenverarbeitungssystem mit den übrigen Teilen des betrieblichen Aufgabensystems eng zu verknüpfen. Zum Erreichen dieses Ziels sind gegenseitige Abstimmungsprozesse beim Gestalten erforderlich. Im Zusammenhang mit dem Projektieren des Belegflusses wurde dies beispielhaft gezeigt (vgl. Abschnitt 7.2.4.). Dabei kommt der Gestaltung der Übergänge, also des Datenflusses zwischen dem Aufgabensystem und dem Datenverarbeitungssystem (als Teilmenge des Aufgabensystems) einerseits und zwischen dem Datenverarbeitungssystem und dem Aufgabensystem andererseits, besondere Bedeutung zu. Mit anderen Worten also: dem Entwickeln des Datenerfassungssystems und des Datenausgabesystems.

In Verfolgung des oben genannten Zieles der Systemplanung wird man die Datenerfassungsprozesse in die Arbeitsplätze der Benutzer des Informationssystems verlagern. Der Prozeß der Datenerfassung erfolgt dann personell, räumlich und zeitlich mit dem Bearbeitungsablauf an den Arbeitsplätzen der Benutzer. Dies stellt bestimmte Anforderungen an die einzusetzende Gerätetechnik zur Datenerfassung, die in erster Linie als ein maschinelles Hilfsmittel der Arbeitsplätze zu begreifen ist und nicht als eine spezielle Gerätetechnik zur Datenerfassung.

Diese Planungsstrategie erfüllt ein weiteres generelles Ziel der Systemplanung: die Schaffung menschenwürdiger Arbeitsplätze. (Die Situation in den „Lochersälen" kann als typisch für die heute vorherrschende Planungsstrategie angesehen werden, die Systemen der industriellen Fließfertigung nicht unähnlich ist.)

Nach diesen grundsätzlichen Bemerkungen soll zum Planungsprozeß zurückgekehrt werden. Das Entwickeln des Datenerfassungs- und Datenausgabesystems in der Feinprojektierung kann wie folgt umschrieben werden: Es sind die Datenflüsse und ihre Bearbeitungsoperationen zwischen den Orten der Datenentstehung (vor allem der Primärdaten, vgl. Definition 6/5) und den Eingabedateien für das Datenverarbeitungssystem einerseits sowie die Datenflüsse einschließlich ihrer Bearbeitungsoperationen zwischen den Ausgabedateien (den Benutzerdaten, vgl. Definition 6/4) des Datenverarbeitungssystems und den Orten der Datenverwendung andererseits zu projektieren.

Eingaben für diese Projektierung sind im einzelnen:

- Die Ergebnisse der Grobprojektierung in den Teilprojekten (vgl. Abschnitt 6.2.3.), insbesondere zu den Primärdaten und den Benutzerdaten.
- Die Ergebnisse der Feinprojektierung in den verschiedenen Teilsystemen, die zum größten Teil parallel und in enger Abstimmung mit dem Entwickeln des Datenerfassungs- und Datenausgabesystems erarbeitet werden (man denke z. B. an das Entwickeln des Datensicherungssystems, Abschnitt 7.2.3., oder des Belegsystems, Abschnitt 7.2.4.).

Durch die Grobprojektierung wurde das einzusetzende Datenerfassungsverfahren (und damit analog das Datenausgabeverfahren) bestimmt. Es soll nachfolgend auf die Feinprojektierung des *Datenerfassungssystems* näher eingegangen werden. Folgende Planungsaktivitäten sind zu unterscheiden:

- Die Geräteauswahl für das Datenerfassungssystem,
- das Projektieren der maschinell verarbeitbaren Datenträger und
- das Entwickeln der Anwendersoftware für die im Datenerfassungssystem eingesetzten Geräte.

Der Entwicklungsprozeß ist dabei nicht primär als Querschnittsaufgabe zu begreifen; er erfolgt vielmehr aus den einzelnen Teilprojekten heraus, wie sie in der Grobprojektierung gebildet (vgl. Abschnitt 6.2.2.) und bearbeitet (vgl. Abschnitt 6.2.3.) wurden. Dabei ist nicht nur die bereits erwähnte enge Abstimmung und Koordinierung mit der Projektierung in den übrigen Teilsystemen, sondern auch zwischen den Teilprojekten erforderlich, da letztlich ein in sich geschlossenes Datenerfassungssystem entwickelt werden soll.

Geräteauswahl im Datenerfassungssystem

Man geht hier vor allem von den Ergebnissen der Grobprojektierung aus (vgl. vor allem „Verfahrensauswahl für das Datenerfassungssystem" in Abschnitt 6.2.3. mit Tafeln 6/1 und 6/2). Man hat damit für jeden Datenerfassungsprozeß ein zulässiges Datenerfassungsverfahren bestimmt. Daran schließen sich folgende Planungsaktivitäten zur Geräteauswahl an:

- Ermitteln der zulässigen Gerätealternativen,
- Festlegen der Kriterien zur Geräteauswahl und
- Ermitteln der optimalen Gerätealternativen.

Ermitteln zulässiger Gerätealternativen

Diese Aufgabe kann folgendermaßen beschrieben werden: Auf dem Gerätemarkt wird eine Menge von Gerätealternativen angeboten; daraus ist die Teilmenge zu ermitteln, deren Elemente die Eigenschaft haben, allen Kriterienausprägungen des betrachteten Datenerfassungsverfahrens zu genügen (vgl. dazu Tafel 6/2). Zur Aufgabenlösung geht man am besten folgendermaßen (schrittweise) vor:

- Man versucht zunächst, auf Grund vorhandener Kenntnisse des Gerätemarktes offensichtlich unzulässige Gerätealternativen auszuschließen. (Man hat beispielsweise ein Datenerfassungsverfahren mit indirekter Verbindung und dem Datenzwischenträger Magnetband gewählt; alle Geräte, die kein Magnetband erzeugen, sind also unzulässig.)
- Man führt eine Grobausschreibung an alle Anbieter durch, die zulässige Gerätealternativen anbieten; auf Grund der Auswertung dieser Ausschreibung ergibt sich meist eine weitere Einschränkung der Alternativen. (Man hat z. B. Anforderungen als Kostenlimits, die von einzelnen Geräten verletzt werden.)
- Man führt eine Besichtigungsanalyse durch und läßt eine Gerätedemonstration veranstalten; danach werden möglicherweise weitere Gerätealternativen ausgeschlossen. (Man hat z. B. limitierende Anforderungen an das Design, die von einzelnen Geräten verletzt werden.)

Erfahrungsgemäß ist die verbleibende Alternativenmenge nicht sehr mächtig (drei bis sechs Alternativen), so daß eine differenzierte Geräteauswahl mit vertretbarem Aufwand nachgezogen werden kann.

Stufe	Nummer	Kriterienbezeichnung
1	1	Optimale Gerätealternative
2	1	Kosten
	2	Bedienerfreundlichkeit
	3	Leistung
	4	Umweltanforderungen
	5	Anbieterunterstützung
3	1	Implementierungskosten
	2	Betriebskosten
	3	Bedienerführung
	4	Kompaktheit
	5	Geräuschentwicklung
	6	Erlernbarkeit
	7	Transportierbarkeit
	8	Ablagemöglichkeiten
	9	Design
	10	Bedienereingriffe
	11	Durchsatzzeit
	12	Funktionsumfang
	13	Programmierung
	14	Ausbaufähigkeit
	15	Zuverlässigkeit
	16	Sicherheit
	17	Klimatisierung
	18	Raumbedarf
	19	Erfahrung
	20	Organisationsunterstützung
	21	Programmierunterstützung
	22	Softwareunterstützung
	23	Personalschulung
	24	Testbedingungen
	25	Wartungsbedienungen
4	1	Gerätekosten
	2	Personalkosten
	3	Sonstige Betriebskosten

Tafel 7/8. Kriterienkatalog zur Geräteauswahl

Kriterien zur Geräteauswahl

Bei der Geräteauswahl handelt es sich um ein mehrdimensionales Auswahlproblem, so daß die Auswahl durch ein Nutzwertmodell (vgl. Abschnitt 3.4.8.) methodisch unterstützt werden kann. Dazu sind zunächst Auswahlkriterien festzulegen. Tafel 7/8 zeigt ein umfangreiches Beispiel. Im Einzelfall können bestimmte Kriterien nicht relevant sein; andere wiederum sind stärker aufzugliedern.

Jedes Kriterium ist eindeutig zu beschreiben, so daß das Ermitteln der Zieler-

Kriterien-nummer	Beschreibung
2/2	Bedienerfreundlichkeit: Es sollen die mit der Auswahl einer Gerätealternative verbundenen Konsequenzen zur Gestaltung der Mensch-Maschine-Beziehung erfaßt werden.
3/3	Bedienerführung: Dadurch sollen die Vorrichtungen (hardwaremäßig) und Möglichkeiten (softwaremäßig) der Unterstützung der Gerätebedienung erfaßt werden, beispielsweise durch Bildschirm und Projizieren eines Formular-Layouts mit optischer und akustischer Bedienerführung. Die Vorrichtungen und Möglichkeiten sind explizit anzugeben.
3/4	Kompaktheit: Dadurch sollen Eigenschaften einer Gerätealternative wie Übersichtlichkeit, Griffgünstigkeit, Arbeitsplatzeinordnung u. a. beschrieben werden sowohl mittels quantitativer Größe wie Standfläche [Flächeneinheiten], als auch durch qualitative verbale Beschreibungen.
3/5	Geräuschentwicklung: Geräuschentwicklung kann in genormten Dimensionen, wie z. B. [db], quantitativ angegeben werden.
3/6	Erlernbarkeit: Dadurch soll der erforderliche Lernprozeß für das Bedienungspersonal erfaßt werden. Dessen kostenmäßige Konsequenzen können bereits bei den Implementierungskosten bzw. den Betriebskosten berücksichtigt werden. Hier lassen sich zeitliche Konsequenzen erfassen; die Dimension der Erlernbarkeit ist dann [Zeiteinheiten].
3/7	Transportierbarkeit: Transportierbarkeit kann in der Dimension [Gewichtseinheiten] quantitativ angegeben werden.
3/8	Ablagemöglichkeiten: Ablagemöglichkeiten können in der Dimension [Flächeneinheiten], gegebenenfalls unter Berücksichtigung der Anzahl Ablagemöglichkeiten und ihrer Entfernung vom Bedienerplatz, quantitativ erfaßt werden.
3/9	Design: Dadurch soll die optische Gestaltung einer Gerätealternative erfaßt werden, z. B. durch Angaben zur Form und Farbe und deren Einfügbarkeit in eine gegebene Bürolandschaft.
3/10	Bedienereingriffe: Dadurch sollen Art und Umfang der Bedienereingriffe in den Datenerfassungsprozeß am Gerät beschrieben werden (etwa: der Automatisierungsgrad). Die Arten sind explizit anzugeben und wenn möglich durch ihren Umfang, etwa in [Zeiteinheiten/Bezugsgröße], zu beschreiben.

Tafel 7/9. Beschreibung einzelner Kriterien zur Geräteauswahl

träge operational (intersubjektiv nachprüfbar) ist. Zur Erläuterung werden in Tafel 7/9 die Kriterien (Stufe/Nummer) 2/2 und 3/3 bis 3/10 der Tafel 7/8 beschrieben.

Optimumbestimmung

Für jede Menge zulässiger Gerätealternativen ist unter weiterer Anwendung des Nutzwertmodells (vgl. Abschnitt 3.4.8.) eine optimale Gerätealternative zu ermitteln. Dies soll hier nicht weiter verfolgt werden. Für einzelne Zielerträge (typisch: Durchsatzzeit) sind spezielle Ermittlungsmodelle einzusetzen. Im Methodenteil folgen dazu weitere Anmerkungen (vgl. Abschnitt 7.3.3.).

Im Grenzfall bestimmt man nach dieser Vorgehensweise so viele (verschiedene) Datenerfassungsgeräte, wie man unterschiedliche Datenerfassungsprozesse hat. Praktisch wird dies selten der Fall sein. Grundsätzlich wird man aber prüfen, ob es überhaupt zweckmäßig ist, verschiedene Datenerfassungsgeräte in einem Datenerfassungssystem einzusetzen. Diese Abstimmung zwischen den Projektierungsergebnissen der einzelnen Teilprojekte kann z. B. unter dem Ziel erfolgen, die Austauschbarkeit von Geräten und Bedienungspersonal zu maximieren. Dabei hat man den Nutzen derartiger Maßnahmen mit der Nutzenminderung abzuwägen, die durch das Verletzen von Anforderungen der betroffenen Datenerfassungsprozesse verursacht werden.

Projektieren der Datenträger

Sowohl beim indirekten als auch beim halbdirekten Verbindungsgrad (vgl. dazu Tafel 6/1) werden Datenträger verwendet, deren Gestaltung nicht oder nicht allein auf Grund der Programmierung der Geräte erfolgt, mit denen sie bearbeitet werden. Typische Beispiele sind:

- Beim indirekten Verbindungsgrad Lochkarten und Lochstreifen, die nur als Datenzwischenträger im Datenerfassungsprozeß verwendet werden.
- Beim halbdirekten Verbindungsgrad Klarschriftbelege mit Maschinenschrift (z. B. OCR-A, OCR-B) und Verbundlochkarten als maschinell verarbeitbare Urbelege, die also sowohl im realen betrieblichen Prozeß als auch im Datenerfassungsprozeß verwendet werden.

Weiter: Beim indirekten Verbindungsgrad wird häufig ein zweiter Datenzwischenträger verwendet, der sogenannte Erfassungsbeleg. Der Datenfluß ist dann durch die Folge „Urbeleg – Erfassungsbeleg – maschinell verarbeitbarer Datenzwischenträger" gegeben. Diese Gestaltung ist vor allem für Lochkarte und Lochstreifen typisch und in der betrieblichen Praxis noch immer weit verbreitet; sie soll hier als Beispiel dienen, um die Feinprojektierung detaillerter zu erläutern.

Beim indirekten Verbindungsgrad dient der Datenzwischenträger nur und allein dazu, die Primärdaten aus einem nur personell verarbeitbaren Datenträger (Urbeleg) in einen maschinell verarbeitbaren Datenträger (im betrachteten Beispiel Lochkarte) zu transformieren; man nennt diesen Datenträger daher auch „Sekundärdatenträger". Die Gestaltung dieses Sekundärdatenträgers erfolgt unter folgenden Zielen:

- Es soll meist genau das Satzformat erzeugt werden, welches vom Datenverarbeitungsprozeß verlangt wird.
- Die Durchsatzleistung am Datenerfassungsgerät soll maximiert werden.

Im einzelnen sind beim Projektieren dieses Sekundärdatenträgers festzulegen:

- Die Feldlängen für Hinweisdaten (z. B. Belegnummer), Ordnungsdaten (z. B. Kundennummer, Artikelnummer) und Auswertungsdaten (z. B. Mengen, Zeiten, Beträge).
- Die Anordnung der Felder im Satz (Satzformat), soweit sie nicht vom Datenverarbeitungsprozeß determiniert ist.
- Die Bezeichnung und Numerierung der Felder (am oberen Kartenrand), wobei eine völlige Übereinstimmung mit den Bezeichnungen des zu Erfassung verwendeten Beleges anzustreben ist.
- Die Aufbringung von Sichtmerkmalen zur einfachen personellen Unterscheidung von Kartenarten (durch Farben, Farbstreifen oder Aufdruck der Kartenbezeichnung).

Meist stimmt das Satzformat des Sekundärdatenträgers (z. B. bezüglich der Feldfolge) mit der Gliederung des Urbelegs nicht überein. Als „Brücke" zwischen Urbeleg und Sekundärdatenträger schaltet man dann einen speziellen Erfassungsbeleg ein, um unter Einhaltung einer geforderten Zuverlässigkeit (vgl. Definition 7/8) die Durchsatzleistung am Datenerfassungsgerät zu maximieren. Das Erzeugen dieses Erfassungsbeleges aus dem Urbeleg ist ein rein manueller, durch das Datenerfassungsverfahren bedingter und zusätzlicher Bearbeitungsvorgang.

Entwickeln der Anwendersoftware

Das Projektieren des Datenerfassungssystems bei einem indirekten Verbindungsgrad – wie oben beschrieben – wird erleichtert, wenn man bezüglich des Intelligenzgrades der Gerätetechnik (vgl. Tafel 6/1) von intelligenten Datenerfassungsgeräten ausgehen kann. Als „intelligente Datenerfassungsgeräte" sind Geräte mit Computereigenschaften zu verstehen. Typische Beispiele sind beim indirekten Verbindungsgrad die Magnetbandsammelsysteme.

Werden Datenerfassungsgeräte mit Computereigenschaften eingesetzt, dann hat man eine flexible Brücke zwischen den Anforderungen der realen Prozesse (z. B. bezüglich der Gestaltung der Urbelege) und denen der Datenverarbeitungsprozesse (bezüglich der Gestaltung der Primärdatensätze). Dies gilt analog für den halbdirekten und den direkten Verbindungsgrad.

Werden Geräte mit Computereigenschaften eingesetzt, dann verlagern sich die Gestaltungsaufgaben von den Belegen auf die Datenerfassungsprogramme. Bezüglich der Erstellung der Anwendersoftware hat man dann ein völlig analoges Problem wie beim Entwickeln des Datenverarbeitungssystems (vgl. Abschnitt 7.2.6.); die Komplexität des Problems ist allerdings im Datenerfassungssystem wesentlich geringer.

Kontrollfragen zu 7.2.5.

1) Man begründe die Zweckmäßigkeit des Verlagerns der Datenerfassung in die Arbeitsplätze der Benutzer des Informationssystems und damit die Möglichkeit der Integration des Datenerfassungs- mit dem Datenausgabesystem.
2) Die Feinprojektierung im Datenerfassungssystem setzt an den Ergebnissen der Grobprojektierung an; welche Gestaltungsentscheidungen umfaßt der Entscheidungstatbestand „Bestimmen des Datenerfassungsverfahrens"?
3) Welche drei Projektierungsaktivitäten wurden beim „Entwickeln des Datenerfassungssystems" unterschieden?
4) Man skizziere den in Tafel 7/8 gegebenen Kriterienkatalog als Graph (analog zu Abb. 6/4).
5) Aus welchen Gründen steht man bei einem indirekten Verbindungsgrad und nicht intelligenter Gerätetechnik vor der Notwendigkeit, in den Datenerfassungsprozeß spezielle Erfassungsbelege einzuschalten?

7.2.6. Entwickeln des Datenverarbeitungssystems

Das Entwickeln des Datenverarbeitungssystems erfolgt nicht als Querschnittsaufgabe, sondern aus den einzelnen Teilprojekten heraus, wie sie in der Grobprojektierung gebildet (vgl. Abschnitt 6.2.2.) bzw. bereits bearbeitet wurden (vgl. Abschnitt 6.2.3.). In diesem Schritt der Systemplanung vollzieht sich der Übergang vom vornehmlich betriebswirtschaftlich-organisatorischen Gestalten zum edv-technisch orientierten Gestalten, dessen Objekt in erster Linie die Erstellung der Anwendersoftware ist.

Bei den Aktivitäten zur Erstellung der Anwendersoftware (oder: der Anwenderprogramme) ist unter Berücksichtigung der hier vorgenommenen Einordnung des Lehrstoffes in Lehrgebiete (vgl. Kapitel 1.) zu prüfen, inwieweit eine Darstellung noch zweckmäßig ist, wie weit man also in Details der Erstellung der Anwendersoftware eindringt. Da erfahrungsgemäß beim betriebswirtschaftlich orientierten Leser hierzu keine oder nur geringe Vorkenntnisse vorausgesetzt, andererseits diese hier nicht vermittelt werden können, soll die Erstellung der Anwendersoftware nur so tief behandelt werden, daß für den Leser der Prozeß der Systemplanung geschlossen bleibt. Der stärker softwareorientierte Leser wird dabei feststellen, daß der Planungsschritt Erstellen der Anwendersoftware nicht gleichzusetzen ist mit dem Entwickeln eines einzelnen Anwenderprogramms (schon gar nicht mit den üblicherweise im Hochschulunterricht vermittelten, isolierten Problemlösungen).

Entwickeln des Datenverarbeitungssystems heißt zweierlei: Erstens das Aufbereiten der Ergebnisse der Grobprojektierung und der Feinprojektierung aus allen anderen Teilsystemen zu *Programmiervorgaben* und zweitens das Erstellen der *Anwendersoftware* auf der Grundlage dieser Programmiervorgaben; dabei wird zweckmäßigerweise weiter unterschieden zwischen dem Erarbeiten einer *funktionellen* Lösung (Algorithmenbildung) und einer *programmiertechnischen* Lösung (Programmierung im engeren Sinne).

Weiter: Meist steht man beim Entwickeln des Datenverarbeitungssystems vor der Frage, ob Anwendersoftware oder Teile der Anwendersoftware in Eigenregie erstellt, auftragsgebunden fremd erstellt oder fremd bezogen werden soll. Diese Frage kann erst mit ausreichender Genauigkeit beantwortet werden, wenn die an die Anwendersoftware zu stellenden Anforderungen bekannt sind, mit anderen Worten, wenn die Programmiervorgaben vorliegen.

Danach werden folgende Aktivitäten beim Entwickeln des Datenverarbeitungssystems unterschieden:

- Erarbeiten der Programmiervorgaben,
- Entscheiden über Eigenfertigung oder Fremdbezug,
- Erarbeiten der funktionellen Lösung und
- Erarbeiten der programmiertechnischen Lösung.

Während die beiden zuerst genannten Aktivitäten noch stärker betriebswirtschaftlich-organisatorisch orientiert sind, sind die beiden anderen Schritte stärker informatik-orientiert. Insbesondere im dritten Schritt ist ein wichtiges Aufgabengebiet des Informatikers zu sehen, während sich der vierte Schritt schon auf der handwerklichen Ebene des Codierens bewegt.

Erarbeiten der Programmiervorgaben

Erstellen der Programmiervorgaben heißt: Zusammenführen und Übernehmen aller Projektierungsergebnisse der Grobprojektierung zu den Dateien und den Datenverarbeitungsprozessen (vgl. Abschnitt 6.2.3.). Weiter: Aufbereiten aller Ergebnisse der Feinprojektierung aus den übrigen Teilsystemen (vgl. Abschnitt

7.2.1. bis 7.2.5.). Schließlich: Das Verarbeiten der Ergebnisse der Feinprojektierung und der Ergebnisse der Grobprojektierung zu den Programmiervorgaben.

Die Programmiervorgaben haben alle für die Erstellung der Anwendersoftware relevanten betriebswirtschaftlich-organisatorischen Tatbestände zu enthalten. Das heißt vor allem, daß für alle Datenverarbeitungsaufgaben

- die Dateien definiert und beschrieben sind, im einzelnen
  - die Dateien der Benutzerdaten,
  - die Dateien der Wiederverwendungsdaten (Zwischendateien),
  - die Dateien der Stamm- und Bestandsdaten und
  - die Dateien der Primärdaten.
- die Datenverarbeitungsprozesse eindeutig beschrieben sind.

Die Datenverarbeitungsprozesse müssen durch die betriebswirtschaftlich relevanten *Verarbeitungsregeln* eindeutig festgelegt werden. Im einzelnen gehören dazu neben den betriebswirtschaftlichen Lösungsalgorithmen (vgl. Abschnitt 6.2.2.):

- Regeln für den Aufbau der Ausgabedateien,
- Regeln für das Prüfen der Ausgabesätze,
- Regeln für das Prüfen der Eingabesätze,
- Regeln zur Abgrenzung und Behandlung der Eingabesätze,
- Beschreibung der extern durch „Vorlaufsätze" eingegebenen Verarbeitungsregeln und
- Regeln für die Mensch-Maschine-Kommunikation bei der Ausgabe, Verarbeitung und Eingabe der Daten.

Programmiervorgaben werden meist so dokumentiert: Für Dateien und Sätze verwendet man Formulare („Dateibeschreibung", „Satzbeschreibung"), für Datenverarbeitungsprozesse im allgemeinen Programmablaufpläne (Abb. 6/2 zeigt ein Beispiel); weiter kann der Zusammenhang zwischen dem Datenverarbeitungsprozeß und den verwendeten bzw. erzeugten Dateien durch Datenflußpläne erläutert werden (Abb. 6/3 zeigt ein Beispiel). Das Gliederungsbeispiel einer Programmiervorgabe in Tafel 7/10 zeigt, daß neben der Beschreibung der Dateien und der Datenverarbeitungsprozesse (der Verarbeitungsregeln) noch eine Reihe weiterer, für die Erstellung der Anwendersoftware wichtige Informationen dokumentiert werden sollten.

Die für computergestützte Informationssysteme heute übliche personelle Trennung zwischen Benutzer einerseits und Systemplaner/Programmierer andererseits macht es erforderlich, die Programmiervorgaben mit den Benutzern abzustimmen, die in den realen betrieblichen Prozessen mit dem zu programmierenden Datenverarbeitungsaufgaben befaßt sind. Diese Vorgehensweise

- Allgemeine Charakteristik der Datenverarbeitungsaufgabe
  + Zweck der Datenverarbeitungsaufgabe
  + Zusammenhang mit anderen Datenverarbeitungausgaben innerhalb des Teilprojekts
- Projektierungsrestriktionen
  + Restriktionen durch die gewählte Hardware
  + Restriktionen durch die vorhandene Anwendungssoftware
  + Restriktionen durch die verfügbare Standardsoftware
  + Restriktionen durch die gewählte(n) Programmiersprache(n)
- Dateien
  + Beschreibung der Ausgabedateien (Satzaufbau, Anzahl der Sätze, verwendete Datenträger und Codes usw.)
  + Beschreibung der Eingabedateien
- Verarbeitungsregeln
- Anforderungen an die Programmpflege
  + Dateiänderungen (wie Satzformat, Felder im Satz, Feldlängen)
  + Änderungen der Verarbeitungsregeln
- Anforderungen an die Durchsatzzeiten
  + geforderte Programmlaufzeit
  + geforderte Antwortzeit (Reaktionszeit)
- Anforderungen an das Testen
  + Art des Tests
  + Gewinnung der Testdaten
  + Gewinnung der Vergleichsdaten für die Testergebnisse
  + Kompetenzen für das Ausarbeiten der Testdaten und das Bewerten der Testergebnisse

Tafel 7/10. Struktur einer Programmiervorgabe

folgt aus den Grundsätzen der Aufgaben- und Benutzerorientierung bei der Systemplanung. Der Benutzer hat zu prüfen, ob die definierten Benutzeranforderungen in den Programmiervorgaben vollständig berücksichtigt sind; gegebenenfalls sind sie zu ergänzen. Die Programmiervorgaben sind von den Benutzern freizugeben.

Programmiervorgaben können aus folgenden Gründen keine starren Richtlinien sein:

- Während des Programmierens ergeben sich Änderungen oder Ergänzungen, z. B. durch
  - o Erkennen zusätzlich notwendiger Datensicherungsmaßnahmen,
  - o Erkennen zusätzlicher Verarbeitungsregeln für einzelne Datensätze,
  - o Erkennen von Fehlern in der Programmiervorgabe.
- Während des Programmierens können sich die Benutzeranforderungen ändern, z. B.
  - o Änderungen der Ausgabe- oder Eingabedaten,

o Änderungen der Verarbeitungsregeln (weil z. B. veränderte Lösungsalgorithmen eingesetzt werden sollen).

Entscheiden über Eigenfertigung oder Fremdbezug

„Eigenfertigung oder Fremdbezug" wird als Bezeichnung für diese Aktivität gewählt, weil mit diesen Begriffen Bezüge hergestellt werden zu analogen Entscheidungsproblemen in der Fertigungswirtschaft. Zur Klärung soll aber etwas stärker differenziert werden. Man steht in jedem Systemplanungsprozeß vor der Frage, ob man

- Individualsoftware
  - o in eigener Regie mit eigenem Personal erstellt (Eigenentwicklung) oder
  - o durch Softwarehäuser erstellen läßt (Fremdentwicklung), oder ob man
- Standardsoftware einsetzt.

Es sollen die Alternativen „Individualsoftware" oder „Standardsoftware" im Vergleich betrachtet werden. *Individualsoftware* heißt, daß die Programme nach individuellen Bedürfnissen (also auf der Grundlage der Programmiervorgaben) entwickelt werden; dabei ist es von nur sekundärer Bedeutung, ob dies als Eigenentwicklung oder als Fremdentwicklung geschieht. Zur Lösung dieses Entscheidungsproblems kann ein Nutzwertmodell eingesetzt werden (vgl. Abschnitt 3.4.8.). *Standardsoftware* heißt, daß am Markt verfügbare Software (unverändert oder mit geringen Änderungen) übernommen wird. Zur Auswahl (Zulässigkeitsprüfung) sind die Anforderungen der entsprechenden Programmiervorgaben zugrunde zu legen; methodische Hinweise dazu werden im Methodenteil gegeben (vgl. Abschnitt 7.3.5.).

Generelle Vorteile des Bezugs von Standardsoftware sind:

- Eine ausgereifte und gut dokumentierte Standardsoftware kann in kürzerer Zeit implementiert werden als eine Individualsoftware.
- Die Kosten der Standardsoftware können geringer sein als die von Individualsoftware; erstere sind zudem bekannt, letztere lassen sich nur abschätzen.
- Standardsoftware kann qualitativ höherwertiger sein (z. B. bezüglich Speicherbedarf, Laufzeit, Dokumentation) als Individualsoftware, vor allem wenn qualifiziertes Personal zur Entwicklung der Individualsoftware nicht zur Verfügung steht.
- Gesamtwirtschaftlich ist der Einsatz von Standardsoftware ökonomischer als eine Unzahl von parallelen Individualentwicklungen (weil viele Aufgabenstellungen gleich oder zumindest gleichartig sind).

Zur Illustration sei gesagt: In der BR Deutschland werden jährlich von etwa 50.000 Programmierern rd. 250.000 Programme entwickelt; der Anteil der

Kosten der Standardsoftware an den gesamten Softwarekosten beträgt rd. 2% (in den USA rd. 30%). Gründe für den geringen Einsatz von Standardsoftware sind:

- Die Leistungsmerkmale der Standardsoftware stimmen mit den Leistungsanforderungen der Programmiervorgaben nicht überein (z. B. bezüglich der Satzformate der Dateien oder bezüglich der Datensicherungsmaßnahmen).
- Die Standardsoftware ist auf eine Computerkonfiguration abgestellt, die dem Benutzer nicht zur Verfügung steht (vor allem bezüglich Hauptspeicherbedarf und Dateizugriffsart).
- Die Programmierer haben Schwierigkeiten, sich in die fremdbezogene Software einzuarbeiten (insbesondere bezüglich Änderungsdienst).
- Eigener „Entwicklungsstolz" beim Anwender (genauer: beim Planungsteam) führt zu einer gewissen Zurückhaltung, Standardsoftware in seinen Informationssystemen einzusetzen.

Prognosen gehen heute dahin, für die Zukunft eine größere Bereitschaft zur Anwendung von Standardsoftware anzunehmen Dies folgt vor allem aus den explosionsartig steigenden Kosten für das Entwickeln und Pflegen der Software sowie daraus, daß neue Techniken und Methoden der Softwareerstellung die Software anpassungsfähiger machen an die Anforderungen der einzelnen Anwender (vgl. z. B. Abschnitt 7.3.6.).

Erarbeiten der funktionellen Lösung

Algorithmenbildung oder Erarbeiten der funktionellen Lösung ist hier so zu verstehen: Die auch heute noch weit verbreitete Vorgehensweise bei der Programmierung ist durch die Verwendung des Programmablaufplans gekennzeichnet. Man entwirft zunächst einen groben Programmablaufplan, verfeinert diesen und codiert schließlich die einzelnen Operationen. Dabei vermischt man funktionelle und technische Lösungselemente; eine Strukturierung in jeweils untergeordnete logische Blöcke erfolgt nicht (vgl. dazu das Prinzip der hierarchischen Strukturierung in Abschnitt 3.2.). Diese Vorgehensweise ist unzweckmäßig; sie widerspricht allen Forderungen nach Einfachheit und Modularität, sie ermöglicht es nur bedingt, Entwurfsentscheidungen nachzuvollziehen, und sie verhindert vor allem ein durchschaubares Dokumentieren komplexer Prozesse.

Strukturiertes Programmieren

Eine Entwurfsstrategie, welche den genannten Forderungen entspricht, ist das „strukturierte Programmieren"; im Prinzip handelt es sich dabei um eine ganz elementare Vorgehensweise. Ausgehend von den Anforderungen einer Programmiervorgabe wird zunächst ein sehr grob strukturierter Prozeß festgelegt.

Dieser wird im Zuge des Entwurfs sukzessiv in Unterprozesse zerlegt und so lange verfeinert, bis man zu vorhandenen Programmen (Standardsoftware, Prozeduren, Subroutinen oder Makros einer Programmbibliothek) bzw. bis zu den elementaren Anweisungen der verwendeten Programmiersprache gekommen ist. Dieser „Prozeßentwurf" oder „Algorithmenentwurf" ist mit dem „Erarbeiten der funktionellen Lösung" gemeint.

Im allgemeinen sind Programmablaufpläne keine geeigneten Entwurfshilfen und Beschreibungsmittel beim strukturierten Programmieren, weil aus ihnen weder der Zweck der einzelnen Komponenten klar ersichtlich ist noch die funktionellen und technischen Lösungselemente klar getrennt sind. Weiter sind Sinn und Funktion der Pfeile oft nicht eindeutig, und eine klare Aufteilung in logisch strukturierte Einheiten ist nicht erkenntlich.

Klarer können die Aufeinanderfolge der Ablaufschritte, die Alternativen für verschiedene Fälle und Einzelaktionen mit *Struktogrammen* gezeigt werden, die damit auch eine größere Entwurfsunterstützung geben als Programmablaufpläne dies tun. Struktogramme sind aus Strukturblöcken, den „Standardbausteinen des strukturierten Programmierens" aufgebaut. Man unterscheidet z. B. vier verschiedene Strukturblöcke:

– Der einfache Block,
– die bedingte Verzweigung (IF THEN ELSE),
– die bedingte Wiederholung (DO WHILE- und DO-UNTIL-Schleife sowie DO mit Ausnahme-Aussprung) und
– die Fallunterscheidung für mehrere Alternativen (CASE-Verzweigung).

Alle Bausteine haben einen Eingang und einen Ausgang. Sie können wie folgt „komponiert" werden:

– Von oben nach unten aneinandergereiht,
– in der Verzweigung und in der Fallunterscheidung nebeneinander gestellt und
– ineinander geschachtelt.

Top-Down- und Bottom- Up-Strategie

Bei komplizierten Aufgaben kann es vorkommen, daß man bei Verfolgen dieser Top-Down-Strategie bei der Bearbeitung von Detailschritten zu Erkenntnissen gelangt, welche zur Veränderung der erarbeiteten Gliederung führen müssen; man erhält jedoch keine Hinweise, wie dieses „top down" zu geschehen hat, wo also auf der obersten Hierarchiestufe erneut zu beginnen ist. Daher ist die Bottom- Up-Strategie eine zweckmäßige Ergänzung der strukturierten Programmierung: Man setzt beim Verändern genau da an, wo man einen Fehler gefunden hat, und man verfolgt die Auswirkungen dieser Veränderung „nach oben".

Modulares Programmieren

Das strukturierte Programmieren ist eine konsequente Weiterentwicklung des modularen Programmierens; es schließt dieses also ein. Module sind nichts anderes als Funktionsblöcke, wie man sie beim strukturierten Programmieren bildet. Aus der Sicht der Programmiertechnik sind sie abgeschlossene Programmstücke, die ganz bestimmte logische Funktionen ausführen und die durch folgende Elemente festgelegt sind:

- Durch die zur Ausführung notwendigen Daten (Modul-Eingaben),
- durch die Verarbeitung der Modul-Eingaben und
- durch die mit der Verarbeitung erzeugten Ergebnisse (Modul-Ausgaben).

Der Austausch der Daten mit der Umgebung eines Moduls darf nur durch das sogenannte Interface erfolgen. Abb. 7/5 zeigt die Struktur eines Verarbeitungs-

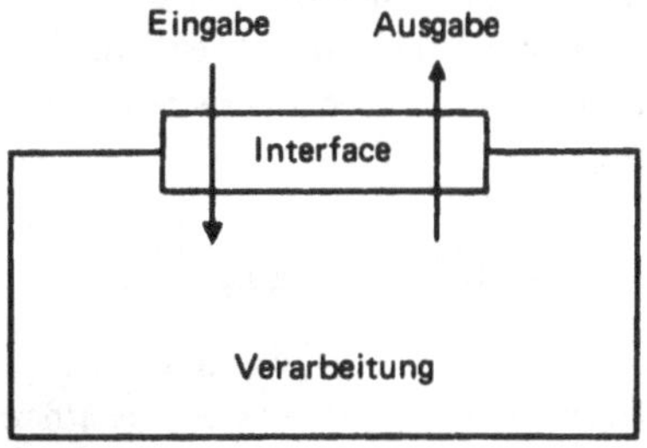

Abb. 7/5. Struktur eines Modul

moduls. Immer benötigt werden neben den Verarbeitungsmodulen folgende Module, die daher kurz beschrieben werden:

Steuermodule, deren Aufgabe die Steuerung der zentral orgnaisierten Eingaben und Ausgaben einer Menge verbundener Module ist; ein Steuermodul muß also die anderen Module mit Daten versorgen. Weiter muß er den Verarbeitungsablauf steuern, also die einzelnen Module aktivieren. Im Steuermodul sollte auch über das eventuell abnormale Ende der Programmausführung entschieden und die erforderlichen Maßnahmen zur Fehlerbehandlung eingeleitet werden.

Fehlerbehandlungsmodule, deren Aufgabe es ist, die Verwaltung der Fehlerbedingungen aus den einzelnen Verarbeitungsmodulen herauszunehmen. Sie geben die Fehlermeldung aus und schließen die Verarbeitung ab. (Maßnahmen zur Fehlerbeseitigung sind nur schwer zu realisieren.)

Eingabe-/Ausgabemodule, welche die Ein- und Ausgabe zentral verwalten; alle übrigen Module sind normalerweise von E-/A-Operationen völlig frei. Die konsequente Realisierung dieser Zentralisierung kann aber das Steuermodul sehr komplizieren, so daß man E-/A-Operationen, die nur ein Modul betreffen, besser in diesem Modul realisiert.

Abschließend sei gesagt, daß strukturiertes Programmieren nichts darüber aussagt, wie im einzelnen zu strukturieren ist. Mit anderen Worten: Der Prozeß des Strukturierens wird nicht unterstützt. Gerade bei komplexen Aufgabenstellungen ist darin aber die Hauptschwierigkeit des Entwurfs von Algorithmen zu sehen.

Zur Klarstellung soll noch darauf hingewiesen werden, daß der Begriff „Algorithmus" bei der Systementwicklung in zwei Varianten gebraucht wurde: Einmal war damit der betriebswirtschaftlich-organisatorische Lösungsalgorithmus gemeint (vgl. vor allem Abschnitte 6.2.2. und 6.2.3.); zum anderen war der edv-orientierte Lösungsalgorithmus gemeint. Der Unterschied besteht im Detaillierungsgrad und im Sachmittelbezug; ein betriebswirtschaftlich-organisatorischer Lösungsalgorithmus kann in der Regel – auch in Bezug auf ein konkretes Sachmittel – in eine Menge alternativer edv-orientierter Lösungsalgorithmen überführt werden. Anders ausgedrückt: Der Algorithmenentwurf bei der Erstellung der Anwendersoftware für betriebliche Informationssysteme setzt immer das Vorhandensein eines betriebswirtschaftlich-organisatorischen Lösungsalgorithmus voraus.

Erarbeiten der programmiertechnischen Lösung

Erarbeiten der programmiertechnischen Lösung bedeutet: Konvertieren der durch strukturiertes Programmieren gewonnenen „elementaren Anweisungen" in Instruktionen unter Verwendung der Regeln der gewählten Programmiersprache (auch: Codieren). Zur Wahl der Programmiersprache (besser: Programmiersysteme) sollen einige Anmerkungen folgen.

Programmiersysteme sind Programmiersprachen und ihre Übersetzer (z. B. ALGOL, FORTRAN, COBOL, PL/1), die Generatoren (z. B. RPG I) und die Simulationssprachen (z. B. GPSS, SIMSCRIPT). Folgenden Forderungen sollte ein Programmiersystem gerecht werden:

- Es sollte die Entwurfsstrategie „strukturiertes Programmieren" unterstützen, d. h.: die „elementaren Anweisungen" müssen mit den Mitteln der Programmiersprache ohne Änderung darstellbar sein.
- Es sollte den Algorithmenentwurf unabhängig vom Entwurf der Speicherungsstruktur ermöglichen („Programmunabhängigkeit der Daten"); das bedeutet, daß man Speicherungsstrukturen und deren Elemente ändern kann, ohne die Programme ändern zu müssen.

Die meisten Programmiersysteme erfüllen diese Forderungen nur teilweise. Die erste Forderung, die sich nur auf die Programmiersprache bezieht, wird am besten von den zur ALGOL-Gruppe gehörenden Sprachen wie ALGOL 60, ALGOL 68, PL/1 erfüllt; FORTRAN und COBOL beispielsweise sind nicht so angelegt, daß Strukturblöcke ineinander und hintereinander in einer se-

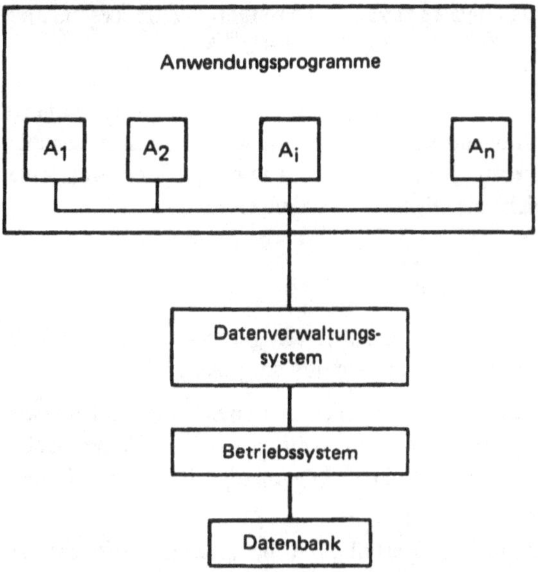

Abb. 7/6. Programmunabhängigkeit der Daten

quentiellen Form darstellbar sind. Die zweite Forderung bezieht sich auf die Programmiersysteme; sie soll mit Abb. 7/6 erläutert werden.

Der Software-Modul „Datenverwaltungssystem" übernimmt vor allem das Speichern und Verwalten der Daten-Definition, die erstmalige Organisation der Dateien, die Gültigkeitsprüfung und den Strukturänderungsdienst; diese Funktionen sind also aus den Anwenderprogrammen ausgegliedert und zentralisiert. Das Datenverwaltungssystem läuft unter einem bestimmten Betriebssystem. Die Daten sind zentral organisiert (Datenbank). Das Gesamtsystem wird von den einzelnen Anwenderprogrammen gesteuert.

Die Forderung nach Programmunabhängigkeit der Daten kann heute erst von wenigen Programmiersystemen erfüllt werden. Das heißt aber nicht, daß man Daten nicht zentral im Hinblick auf mehrere Anwenderprogramme speichern soll; man realisiert dabei im Einzelfall verschiedene Konzepte von Datenverwaltungssystemen.

Das Codieren kann hier nicht besprochen werden, weil dazu Kenntnisse spezieller Programmiersprachen erforderlich sind. Hierzu kann auch auf die umfangreiche Fachliteratur bzw. auf einschlägige Kurse, die häufig schon zum Standardprogramm betriebswirtschaftlicher Studiengänge gehören, verwiesen werden. Die codierte programmiertechnische Lösung wird in der Regel auf Datenzwischenträgern erfaßt (z. B. Lochkarten), und es wird aus diesem Quellenprogramm das Objektprogramm compiliert. (Zum Testen und Dokumentieren vgl. man die Abschnitte 7.2.7. und 8.2.2.)

Trotz aller Kürze der Ausführungen zum Entwickeln des Datenverarbeitungssystems konnte hoffentlich klar gemacht werden, daß dieser Planungsschritt mit „Programmieren" im Sinne von „Anwenden der Regeln einer Programmiersprache" nicht gleichgesetzt werden kann.

Kontrollfragen zu 7.2.6.

1) Nach welchen Planungsaktivitäten gegliedert wurde hier das „Entwickeln des Datenverarbeitungssystems" dargestellt?
2) Worin besteht der Unterschied zwischen einem betriebswirtschaftlich-organisatorischen Lösungsalgorithmus, wie er in der Grobprojektierung entworfen wird, und einem Lösungsalgorithmus im Sinne der Erstellung der Anwendersoftware?
3) Man nenne je zwei Vorteile, die für „Standardsoftware" sprechen und Gründe, welche ihre Verbreitung erschweren.
4) Man erläutere mit eigenen Worten die Entwurfsstrategie „strukturiertes Programmieren"; welcher generellen Planungsmethode (nach Abschnitt 3.2.) entspricht sie?
5) Was heißt „modulares Programmieren", in welcher Beziehung steht es zum „strukturierten Programmieren"?

7.2.7. Testen der Projektierungsergebnisse

Testen bedeutet hier allgemein: Systematisches Überprüfen der Ergebnisse der Feinprojektierung daraufhin, ob sie die definierten Anforderungen erfüllen und ob die Anforderungen vollständig definiert wurden. Für eine präzisere Beschreibung sollen verschiedene „Dimensionen" des Testens herausgestellt werden; beispielhaft soll anschließend das Testen im Detail erläutert werden.

Erste Dimension des Testens

Als erste Dimension des Testens sollen die *Testobjekte* bezeichnet werden, also „was" getestet wird. Im allgemeinen wird im Zusammenhang mit der Systemplanung nur das Testen von Programmen behandelt. Daß dies eine zu enge Auslegung ist, macht schon die Begriffsbestimmung „Informationssystem" deutlich (vgl. Definition 2/1) und kann anhand der bisher behandelten Projektierungsschritte leicht nachvollzogen werden. Danach sind als Testobjekte insbesondere zu betrachten:

- das betriebliche Nummerungssystem,
- die Datenschutzmaßnahmen,
- die Datensicherungsmaßnahmen,
- die Belege einschließlich der Belegflüsse und Bearbeitungsoperationen,
- die Anwenderprogramme,
- die Datenerfassungs- und Datenausgabeprozesse.

Zweite Dimension des Testens

Die verschiedenen Testobjekte lassen sich nicht immer isoliert – also innerhalb der betreffenden Teilsysteme – testen (so kann man z. B. eine Datensicherungsmaßnahme nicht „für sich" testen). Weiter: Die Funktionsfähigkeit eines Einzelobjektes sagt noch nichts darüber aus, ob dieses auch in seiner späteren Umgebung funktionsfähig ist. Zu dieser Umgebung sind neben den projektierten Teilsystemen auch die Benutzer als wesentliche Elemente von Informationssystemen zu rechnen.

Als zweite Dimension des Testens wird daher der *Objektumfang* betrachtet. Dabei ist eine „Bottom-Up-Strategie" zum Testen am zweckmäßigsten: Man testet zunächst die Projektierungsergebnisse in den kleinstmöglichen, für sich funktionsfähigen Bausteinen.

Beim *Programmtest* beginnt man mit den einzelnen Modulen. Auf den Modultest folgt der Test einer Modulgruppe, bei dem die Interfaces zwischen den Modulen getestet werden. Man setzt dann mit dem Systemtest der Programme eines geschlossenen Teilprojekts fort. Schließlich folgt ein Test der zwischen den Teilprojekten bestehenden datenmäßigen Beziehungen (Zwischendateien).

Beim *Belegtest* beginnt man mit den einzelnen Belegen. Auf den Belegtest folgt der Test des Belegflusses einschließlich der Bearbeitungsoperationen an den Belegen. Schließlich testet man den Belegfluß in Zusammenhang mit den Projektierungsergebnissen anderer Teilsysteme, z. B. den Übergang des Belegflusses in das Datenerfassungssystem.

Dritte Dimension des Testens

Als dritte Dimension des Testens soll die *Testmethode* bezeichnet werden. Hier ist zu unterscheiden zwischen logischem Testen und empirischem Testen.

Beim *logischen Testen* („Schreibtischtest") versucht man, die logische Richtigkeit der Projektierungsergebnisse durch gedankliches Nachvollziehen festzustellen bzw. Fehler zu ermitteln. Man „simuliert" dabei die Systemumgebung, in der die Projektierungsergebnisse später eingesetzt werden.

Beim *empirischen Testen* werden die Projektierungsergebnisse versuchsweise implementiert. Selbstverständlich kann empirisches Testen nicht die Fehlerfreiheit der Projektierungsergebnisse beweisen; es kann nur als eine Art Stichprobentest die Gegenwart eines Fehlers nachweisen.

Vierte Dimension des Testens

Schließlich kann als vierte Dimension des Testens die Art der verwendeten *Testdaten* betrachtet werden. In einem ersten Teststadium wird man zunächst mit eigens erzeugten Testdaten („Spieldaten") arbeiten. In der zweiten Teststufe verwendet man dann reale Daten, wie sie vom implementierten Informationssystem zu verarbeiten sind („echte" Verarbeitungsdaten). Diese Daten sollten vom Benutzer geliefert werden.

Voraussetzung für jedes Testen ist das Vorliegen der entsprechenden Dokumentationsteile, zumindest ihrer Entwürfe. Soweit Benutzer in den Test einbezogen werden, ist weiter erforderlich, daß die Benutzungs- und Bedienungsanleitungen im Entwurf vorliegen (vgl. dazu Abschnitt 8.2.2.). Die Testergebnisse müssen gründlich ausgewertet, die Fehlerursachen lokalisert und beseitigt werden. Dabei sind auch die Projektierungsanforderungen daraufhin zu überprüfen, ob sie unvollständig oder unzweckmäßig formuliert sind.

Mit zunehmender Objektgröße steigt die Komplexität des Testens und des Bewertens der Testergebnisse. Die Beherrschung des Testens wird aber dadurch (genauer: nur dadurch) ermöglicht, daß das Gesamtsystem modular strukturiert ist und das Testen nach der „Bottom-Up-Strategie" erfolgen kann.

Programmtest

Am Beispiel des Programmtests soll empirisches Testen näher erläutert werden. Dabei wird von der in Abb. 7/7 gezeigten Abfragesituation in einem Verarbeitungsmodul ausgegangen. (Man gehe bei Verständigungsschwierigkeiten auf Abschnitt 7.2.6. zurück.)

Beim konventionellen Testen stellt man die „Richtigkeit" eines Programms durch Prüfen der Listenausgaben fest. Da ein Verarbeitungsmodul von externen E-/A-Operationen unabhängig ist, existiert keine Listenausgabe. Daher ist stattdessen der einzelne Modulzweig (Programmzweig) zu testen.

In Abb. 7/7 gibt es insgesamt 8 Modulzweige (allgemein: 2^n bei n Abfragen), die auch aus der Testtabelle in Tafel 7/11 hervorgehen (die sich gut zum Beschaffen der Testdaten eignet). Auf Grund der Testtabelle würde man davon

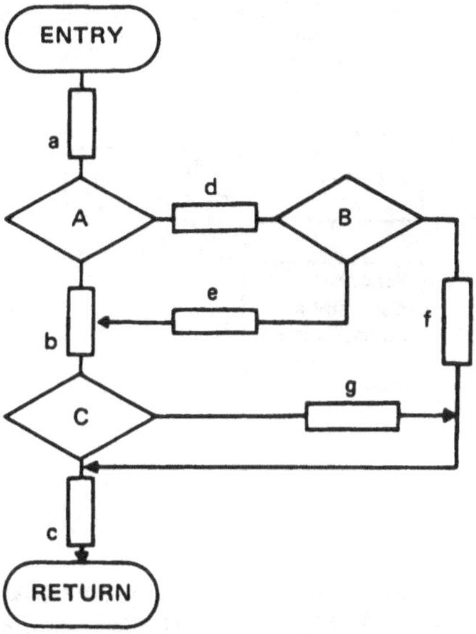

Abb. 7/7. Abfragesituation in einem Modul

Bedingungen	Modulzweige							
	1	2	3	4	5	6	7	8
A	J	J	J	J	N	N	N	N
B	J	J	N	N	J	J	N	N
C	J	N	J	N	J	N	J	N

Tafel 7/11. Schematische Form einer Testtabelle

ausgehen, daß 8 Modulzweige zu testen sind. Man kann aber aus Abb. 7/7 ersehen, daß einzelne Wegstücke von mehreren Modulzweigen „gemeinsam benutzt" werden. (Z. B. werden die Wegstücke g und c von den Modulzweigen a-d-e und a-b gemeinsam benutzt.) Beim vollständigen Testen werden sie also mehrfach getestet. Diese Tatsache kann man sich zum Reduzieren des Testaufwandes zunutze machen.

Die meisten Module müssen von der Umgebung initiiert werden. Da beim Modultest diese Umgebung fehlt, muß man sie simulieren (mit einem Simulationsprogramm). Abb. 7/8 zeigt den Datenflußplan dazu.

Anschließend an den Test der einzelnen Module wird das Zusammenspiel einer Modulgruppe getestet. Dabei wird schrittweise vorgegangen, das System

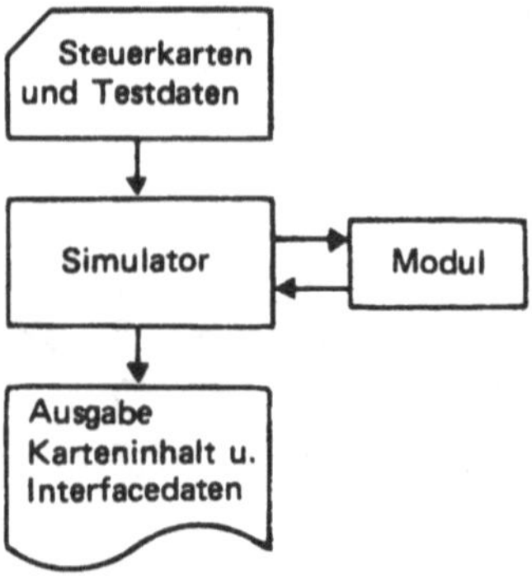

Abb. 7/8. Interface-Simulation beim Modultest

also nach jedem Zufügen eines weiteren Moduls erneut getestet (weil erfahrungsgemäß ein auftretender Fehler im zuletzt zugefügten Modul lokalisiert werden kann). Am besten ist es, wenn man innerhalb der Modulhierarchie Zweig für Zweig testet. Noch fehlende Module übergeht oder simuliert man.

Die Dateien müssen zum Test verfügbar sein. Während man beim Modultest die Verwendung von „Spieldaten" zulassen kann, sind beim Test einer Modulgruppe möglichst echte Daten zu verwenden. Unter allen Umständen sollten die Stamm- und Bestandsdaten „echte" Daten sein, die in der vorgegebenen Struktur und Organisationsform auf den vorgesehenen Speichern zur Verfügung stehen.

Kontrollfragen zu 7.2.7.

1) Was heißt „Testen" allgemein?
2) Man nenne die wichtigsten Testobjekte.
3) Man erläutere am Beispiel des Programmtests die „Bottom-Up-Strategie" beim Testen.
4) Wieviel Modulzweige sind beim systematischen Austesten eines Moduls zu testen?
5) Wie testet man einen Verarbeitungsmodul, der doch keine eigenen E-/A-Operationen hat?

7.3. Methoden zur Feinprojektierung

In diesem Kapitel werden einige stufenspezifische Methoden zur Feinprojektierung behandelt. Durch Anwendung dieser Methoden kann die Durchführung einzelner Schritte der Feinprojektierung unterstützt werden. Auf nicht-stufenspezifische Methoden, die zur Feinprojektierung anwendbar sind, wurde in den vorangegangenen Abschnitten hingewiesen.

7.3.1. Verfahren zur Prüfziffernbildung

In Abschnitt 7.2.1. wurde das Entwickeln des betrieblichen Nummerungssystems und in Abschnitt 7.2.3. das Entwickeln des Datensicherungssystems gezeigt. In diesem Abschnitt sollen verschiedene Verfahren dargestellt werden, deren Ziel es ist, Nummernsysteme gegen Fehler zu sichern.

Man kann unter dem Aspekt der Datensicherung die Datenfelder eines Primärdatensatzes wie folgt zergliedern: Ordnungsdaten (Nummern), Auswertungsdaten und Hinweisdaten. Im allgemeinen nehmen die Anforderungen an die Zuverlässigkeit der Daten in der genannten Reihenfolge ab; an Ordnungsdaten werden also die strengsten Anforderungen hinsichtlich ihrer Zuverlässigkeit gestellt. Dies ist vor allem auf die Identifizierungsfunktion der Ordnungsdaten zurückzuführen (vgl. Abschnitt 7.2.1.); sie identifizieren eindeutig ein Nummerungsobjekt und ordnen dem Primärdatensatz im Datenverarbeitungsprozeß einen Stamm- und Bestandsdatensatz zu. Fehlerhafte Ordnungsdaten führen damit zu fehlerhaften Zuordnungen im Datenverarbeitungsprozeß zwischen Primärdaten und Stamm- und Bestandsdaten.

Beispielsweise sei ein Ordnungsdatum die *Kundennummer,* und der Primärdatensatz „Bestelleingang" wird damit identifiziert. (Weitere Ordnungsdaten sind dann z. B. die Artikelnummern, Auswertungsdaten die Bestellmengen und Hinweisdaten das Bestelldatum). Es wird dann im Datenverarbeitungsprozeß der Satz der Kundendatei verarbeitet, der die gleiche Ordnungsnummer hat.

Prüfziffern sichern gegen Fehler in Ordnungsdaten. Sie können als Ziffern bezeichnet werden, die mit dem Inhalt eines Datenfeldes in einem definierten mathematischen Zusammenhang stehen und diesem Feld hinzugefügt werden. Diese Hinzufügung erfolgt in der Regel beim ersten Auftreten des Datenfeldes (z. B. bei der Vergabe der Kundennummer) und wird als integraler Bestandteil der Nummer bei allen Erfassungs-, Übertragungs- und Verarbeitungsprozessen mitgeführt. Man prüft auf Fehler, indem man die Prüfziffer nach einem Erfassungs-, Übertragungs- und Verarbeitungsprozeß wieder errechnet und das Ergebnis mit der mitgeführten Prüfziffer vergleicht. Abb. 7/9 zeigt diesen Verfahrensablauf als groben Programmablaufplan.

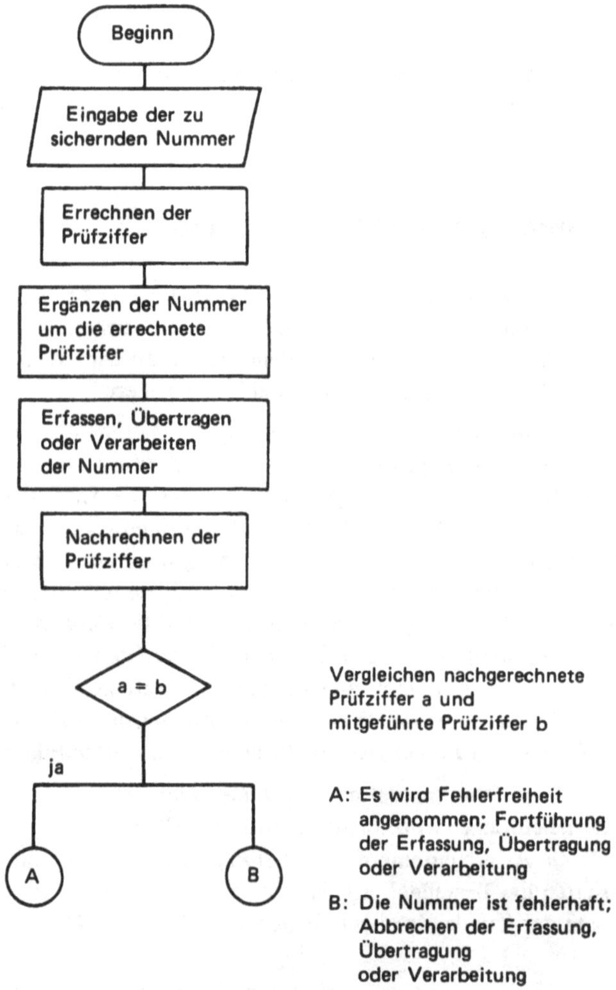

Abb. 7/9. Grob-Programmablaufplan zur Prüfziffernrechnung

Sehr unterschiedlich sind die mathematischen Verfahren, die zur Bildung der Prüfziffer angewendet werden können; unterschiedlich ist auch die Wahrscheinlichkeit, mit der bestimmte Fehlerarten erkannt werden. (Man vgl. zu den Fehlerarten Tafel 7/5 in Abschnitt 7.2.3.)

Quersummenbildung

Ein einfaches Verfahren zur Prüfziffernbildung ist die Quersummenbildung (Summe aller Ziffern einer Zahl); man kann als Prüfziffer die Einerstelle der Quersumme verwenden, weil ein Fehler „Zeichen falsch" immer zu einer Änderung der Einerstelle führt. Drehfehler werden nicht erkannt.

Beispiel: Sei 5321 ein Ordnungsdatum; die Quersumme ist dann 11, und die Prüfziffer ist 1. Durch einen Fehler „Ein Zeichen falsch" wird aus dem Ordnungsdatum 5321 z. B. 5921; die Quersumme ist dann 17, und die Prüfziffer ist dann 7. Der Fehler wird also erkannt. Durch einen „Drehfehler ab-ba" wird aus dem Ordnungsdatum 5321 z. B. 5231; die Quersumme ist dann weiter 11 und die Prüfziffer ist unverändert 1. Also wird der Drehfehler nicht erkannt.

Divisionsrest-Verfahren

Bei diesem Verfahren wird das Ordnungsdatum als Zahl behandelt und durch eine Primzahl dividiert, der Divisionsrest wird als Prüfziffer verwendet (bei Primzahlen ab 11 können zweistellige Prüfziffern auftreten). Drehfehler werden erkannt, doch sind Einfachfehler nicht immer zu erkennen.

Beispiel: Sei 5321 das Ordnungsdatum und 7 die verwendete Primzahl. Dann ist 5321 : 7 = 760 Rest 1; die Prüfziffer ist also 1. Durch einen Fehler „Ein Zeichen falsch" wird aus dem Ordnungsdatum 5321 z. B. 3321; der Divisionsrest und damit die Prüfziffer sind 1, so daß dieser Fehler nicht erkannt wird. Durch den „Drehfehler ab-ba" wird aus dem Ordnungsdatum 5321 z. B. 5231; der Divisionsrest und damit die Prüfziffer sind dann 2, also wird der Fehler erkannt.

Modul-Verfahren

Als am wirksamsten und als sehr praktikabel haben sich die Modul-Verfahren erwiesen (auch Verfahren mit gewichteten Quersummen genannt); sie sollen daher ausführlicher dargestellt werden.

Sei p die Prüfziffer,

z_i, i = 1(1)n, die Ziffern der zu sichernden Nummer,
g_i, i = 1(1)n, die Gewichte der z_i und
mod m eine Modulzahl m.

Die Prüfziffer errechnet sich dann nach

$$p = (\sum_i z_i g_i) \bmod m.$$

Zur Definition eines Prüfziffernalgorithmus sind die g_i festzulegen, und es ist m zu bestimmen. Man sieht daran, daß es eine große Anzahl verschiedener

Prüfziffernalgorithmen gibt, die durch folgende Forderungen bzw. Erkenntnisse eingeschränkt wird:

- Der Algorithmus soll Fehler von der Art „Ein Zeichen falsch" 100prozentig erkennen,
- er soll „einfache Drehfehler" (ab nach ba) möglichst 100prozentig erkennen,
- die g_i sollen einstellige natürliche Zahlen sein,
- die Prüfziffer sollte möglichst eine einstellige Zahl sein (um eine konstante Stellenzahl der gesicherten Nummer zu gewährleisten).

Diese Forderungen werden am besten durch wechselnde Gewichte (z. B. 3-5-7-9-3-5 usw.) und durch Modulzahlen erfüllt, die möglichst große Primzahlen sind. Bereits bei der Primzahl 11 erhält man aber für 1/11 der zu sichernden Nummern zweistellige Prüfziffern. Man kann der letzten der genannten Forderungen dann dadurch genügen, daß man die betreffenden Nummern nicht belegt (sie also nicht den Nummerungsobjekten zuordnet).

Das Ermitteln der Prüfziffer für ein Ordnungsdatum z_i soll durch die folgenden Ablaufschritte beschrieben werden (ein Prüfziffernalgorithmus ist mit den Gewichten g_i und der Modulzahl m gegeben):

1. Schritt: Man multipliziert jede Stelle der Nummer mit ihrem Gewicht, also: $G_i = z_i \cdot g_i$.

2. Schritt: Man bildet die Quersumme Q über alle G_i, also: $Q = \sum_i G_i$.

3. Schritt: Man dividiert Q durch die Modulzahl m, also:

$$q = \frac{Q}{m} \text{ Rest m.}$$

4. Schritt: Man subtrahiert den Divisionsrest „Rest m" von der Modulzahl und hat die Prüfziffer p, also: p = m − Rest m.

Beispiel: Sei 5321 ein Ordnungsdatum und der Prüfziffernalgorithmus ist mit g_i = 9-7-5-3 usw. und mit m = 11 gegeben. Dann ist

1. Schritt:	5	3	2	1		Ordnungsdatum z_i
	9	7	5	3		Gewichte g_i
	45	21	10	3		Produkte G_i
2. Schritt:	45 + 21 + 10 + 3 = 79					Quersumme Q
3. Schritt:	79 : 11 = 7 Rest 2					Divisionsrest
4. Schritt:	11 − 2 = 9					Prüfziffer
	5	3	2	1	9	Ordnungsdatum z_i mit Prüfziffer p

Das Prüfen auf Richtigkeit erfolgt so:

1. Schritt:	5	3	2	1	9	Ordnungsdatum z_i mit Prüfziffer p
	9	7	5	3	1	Gewichte g_i
	45	21	10	3	9	Produkte G_i

2. Schritt: 45 + 21 + 10 + 3 + 9 = 88 — Quersumme Q

3. Schritt: 88 : 11 = 8 Rest 0 — Divisionsrest

Entscheidungsregel: Wenn der Divisionsrest Rest m = 0, dann liegt ein gültiges Ordnungsdatum vor.

Fehlerart / Algorithmus	A	B	C	D	E	F
a	89	89	98	89	97	97
b	90	90	94	90	98	98
c	91	91	100	91	100	100
d	89	89	97	89	97	97
e	90	90	98	90	98	90
f	91	91	100	91	100	100
g	90	90	94	90	91	55
h	91	91	100	91	100	60
i	91	91	100	91	100	100

Tafel 7/12. Wirksamkeit der Prüfziffernalgorithmen a bis i bei den Fehlerarten A bis F (erkannte Fehler in %)

Abschließend wird zu dem Modul-Verfahren durch Tafel 7/12 die Wirksamkeit verschiedener Prüfziffernalgorithmen bezüglich der Erkennung typischer Fehler gezeigt. Die Prüfziffernalgorithmen a bis i sind dabei:

a: m = 9 und g_i = 2-4-8-7-5-1-2-4-8 usw.
b: m = 10 und g_i = 2-4-8-6-2-4-8 usw.
c: m = 11 und g_i = 2-4-8-5-10-9-7-3-6-1-2-4-8 usw.
d: m = 9 und g_i = 1-2-3-4-5-6-7-8-1-2-3 usw.
e: m = 10 und g_i = 1-2-3-4-5-6-7-8-9-1-2-3 usw.
f: m = 11 und g_i = 1-2-3-4-5-6-7-8-9-10-1-2-3 usw.
g: m = 10 und g_i = 1-2-1-2 usw.
h: m = 11 und g_i = 1-2-1-2 usw.
i: m = 11 und g_i = 1-3-7-9-1-3-7 usw.

Die Fehlerarten sind dabei:

A: Ein Zeichen zuviel
B: Ein Zeichen zuwenig
C: Ein Zeichen falsch
D: Zwei Zeichen falsch

E: Drehfehler ab nach ba
F: Doppel-Drehfehler abcd nach adcb

Daneben gibt es „sonstige Fehler", die nur geringe praktische Bedeutung haben.

Wenn man bei Interpretation von Tafel 7/12 die Tafel 7/5 beachtet (Häufigkeit der Fehler im Datenerfassungsprozeß), dann zeigt sich, daß die Prüfziffernalgorithmen mit der Modulzahl m = 11 im Datenerfassungsprozeß die größte Wirksamkeit haben.

Sonstige Verfahren

Neben den bisher behandelten Verfahren gibt es eine Vielzahl weiterer Verfahren, die aber in der Praxis nicht die Bedeutung erlangt haben wie die Modul-Verfahren. Auf ihre Darstellung kann daher verzichtet werden.

Kontrollfragen zu 7.3.1.

1) Welche Datenarten eines Datensatzes werden unter dem Aspekt der Datensicherung unterschieden?
2) Welche Datenart hat aus welchen Gründen in der Regel die höchsten Sicherungsanforderungen?
3) Wodurch unterscheiden sich die verschiedenen Modul-Verfahren?
4) Man gebe die Ablaufschritte beim Bilden der Prüfziffer nach dem Modul-Verfahren an.
5) Mit welchen Modulzahlen m erreicht man die höchste Fehlererkennung, insbesondere bezüglich der häufigsten Fehlerart „Ein Zeichen falsch"?

7.3.2. Methoden zum Rationalisieren des Belegsystems

In Abschnitt 7.2.4. wurde das Entwickeln des Belegsystems behandelt. Dabei ist in der Regel von einem gegebenen Belegsystem auszugehen. Dieses soll auch daraufhin untersucht werden, ob eine Verringerung der Belegarten und/oder eine Verringerung der Belegstückzahlen möglich ist. Folgende Methoden stehen dem Systemplaner zur Verfügung:

Verdichten

Verdichten ist das Zusammenfassen des Inhalts von n Belegarten auf n-x Belegarten, im Grenzfall auf eine Belegart. Man erreicht eine gute Verminderung der Belegarten, der Aufwand ist relativ groß, bestehende Arbeitsabläufe werden nicht verändert. Die Verringerung der Belegstückzahlen ist nur in Teilbereichen möglich.

Beim Verdichten untersucht man die Menge der Elemente F_i, F_j einzelner Belege i, j im Hinblick auf ihren gemeinsamen Durchschnitt (Schnittmenge). In einem Grenzfall ist F_i (F_j) eine echte oder unechte Teilmenge von F_j (F_i), im anderen Grenzfall sind F_i und F_j disjunkt. Normalerweise wird man einen zwischen diesen Grenzfällen liegenden Durchschnitt feststellen. Daraus ergeben sich umfangreichere Belege mit längeren Durchlaufzeiten (mehr Bearbeitungsoperationen). Das methodische Vorgehen kann etwa wie folgt beschrieben werden:

- Sammeln und Kontieren aller Belegarten (Belegarten laufend numerieren und alle Datenfelder in einem Kontierungsblatt eintragen, die nach Sortierkriterien gebildet werden; Sortierkriterien sind etwa „Verwendungszweck", z. B. Materialentnahme, und weiter „Benutzungshäufigkeit").
- Auflisten nach Sortierkriterien.
- Vergleichen der Belegarten gleichen Verwendungszwecks und Bestimmen der Durchschnitte, Belegarten mit relativ großen Durchschnitten aussondern und auf Verdichtungsmöglichkeit hin prüfen.

Straffen

Straffen ist das Feststellen (durch eine Ablaufuntersuchung), ob die n Datenfelder einer Belegart auf n-x Datenfelder verkürzt werden können, so daß die Belegart wenigstens an einer Bearbeitungsstelle, im Grenzfall ganz entfallen kann. Man erreicht damit eine sehr gute Verminderung der Belegarten und der Belegstückzahlen; der Aufwand ist sehr groß, bestehende Arbeitsabläufe werden verändert.

Beim Straffen nimmt man den Belegfluß und den Arbeitsablauf auf und vergleicht das Informationspotential einer bearbeitenden Stelle mit ihrem Informationsbedürfnis. Voraussetzung ist also das Vorhandensein korrekter Istzustandsaufnahmen der Arbeitsabläufe; diese sind jedoch ohnehin für die Feinstudie erforderlich, liegen also in der Systemdokumentation vor. Oft kann man durch geringe Korrekturen des Arbeitsablaufs den Belegfluß einfacher gestalten. Das methodische Vorgehen kann wie folgt beschrieben werden:

- Sammeln und Kontieren aller Belegarten,
- Auflisten nach Belegflüssen (durch Verketten der Belegarten),
- Vergleichen der Belegflusse mit den zugrundeliegenden Arbeitsabläufen zwecks Bestimmen der Belegfluß- bzw. der Arbeitsablauf- und Belegflußänderungen.

Eine computergestützte Verarbeitung ist denkbar, normalerweise wird man aber manuell schneller zum Ziel kommen.

Kontrollfragen zu 7.3.2.

1) Welche beiden Methoden zum Rationalisieren des Belegsystems wurden unterschieden?
2) Wie unterscheiden sich beide Methoden bezüglich des Aufwands ihrer Anwendung und bezüglich ihrer Beeinflussung der bestehenden Arbeitsabläufe?
3) Welche Konsequenz hat das „Verdichten" von Belegarten bezüglich des Belegumfangs?
4) Welche Konsequenz ergibt sich aus 3) bezüglich der Durchlaufzeiten von Belegen und warum ergibt sich diese Konsequenz?
5) Angenommen, man kann im Zusammenhang mit dem Rationalisieren des Belegsystems den Arbeitsablauf mitgestalten; welche Konsequenzen können sich daraus für den Belegfluß ergeben?

7.3.3. Methoden zur Gerätebewertung

In Abschnitt 7.2.5. wurde die Geräteauswahl im Datenerfassungssystem als Projektierungsaktivität behandelt. Zur Optimumbestimmung wurde die Anwendung des Nutzwertmodells vorgeschlagen (vgl. dazu Abschnitt 3.4.8.). Zum Ermitteln der Zielerträge für einzelne Bewertungskriterien sind spezielle Ermittlungsmodelle einzusetzen; die Durchsatzzeit als Bewertungskriterium wurde als typisches Beispiel dafür bezeichnet.

Zur Durchsatzzeit wird zunächst an Definition 6/7 erinnert, die im Zusammenhang mit der Computerbewertung erarbeitet wurde. Durchsatzzeit, so heißt es in dieser Definition, ist die Zeitmenge, die zur Abarbeitung einer benutzerindividuell organisierten Workload auf einem Computersystem benötigt wird. Es ist zu prüfen, ob bei der Gerätebewertung (im Zusammenhang mit der Geräteauswahl im Datenerfassungssystem) ein der Computerbewertung (im Zusammenhang mit der Computerauswahl im Datenverarbeitungssystem) analoges Problem gegeben ist. Wenn ja, können die zur Computerbewertung entwickelten Methoden (vgl. Abschnitt 6.3.5.) auch zur Gerätebewertung eingesetzt werden.

Einfache Bewertungsmethoden

Im einfachsten Fall geht man bei der Gerätebewertung von Erfahrenswerten über die „Durchsatzzeit" aus und ordnet den zur Auswahl stehenden Geräten je einen solchen Erfahrenswert zu. Diese „Durchsatzzeit" wird meist als Geräte-Eingabegeschwindigkeit (Dimension: Zeichen/Zeiteinheit) bezeichnet.

Definition 6/7 deckt diese Geräte-Eingabegeschwindigkeit unter folgenden Voraussetzungen ab:

– Die benutzerindividuell organisierte Workload entspricht in etwa der Workloadorganisation, die den verwendeten Erfahrenswerten zugrunde liegt.
– Es wird eine Workloadmenge als gegeben angenommen, und es wird die Zeit zur Abarbeitung dieser Workloadmenge errechnet.

Die erste Voraussetzung kann als gegeben gelten, wenn „einfache" Geräte zu bewerten sind. „Einfach" heißt dabei vor allem: es handelt sich um nicht-intelligente Geräte (Geräte ohne Computereigenschaften), die meist zentral installiert sind und off-line betrieben werden. Typische Vertreter sind Lochkartenlocher und Lochstreifenlocher.

Die zweite Voraussetzung kann rechnerisch leicht hergestellt werden. Man hat dann folgende Beziehung zum Ermitteln der Durchsatzzeit:

Sei r die Geräte-Eingabegeschwindigkeit [Zeichen/Zeiteinheit],
Q die Workload [Zeichen/Zeitabschnitt],

dann ist die Durchsatzzeit $T = \frac{Q}{r}$ [Zeiteinheit/Zeitabschnitt].

Beispiel: Der Erfahrungswert über die Eingabegeschwindigkeit von Motorlochern bei numerischer Datenart sei r = 9.000 [Zeichen/Stunde] und Q sei mit 40.000 [Zeichen/Tag] gegeben. Dann ist die Durchsatzzeit T = 4,44 [Stunden/Tag].

Zeitsynthese zur Gerätebewertung

Liegen keine Erfahrungswerte für vergleichbare Geräte vor, dann kann man – noch immer bei nur „einfacher" Gerätetechnik (siehe oben) – die Zeitsynthese zur Gerätebewertung anwenden. Diese Bewertungsmethode wird durch folgende Ablaufschritte beschrieben:

Schritt 1: Man ermittelt die benutzerindividuell organisierte Workload (die sich aus den in Abschnitt 7.2.5. erläuterten Entwicklungsaktivitäten ergibt), z. B. für den Zeitabschnitt Monat.

Schritt 2: Man leitet daraus alle zeitrelevanten Operationen der Datenerfassungsprozesse mit ihrem Mengengerüst ab; diese sind durch die gerätespezifischen Operationen gegeben, die zur Erzeugung des geforderten Outputs aus dem gegebenen Input erforderlich sind. (Zur Erzeugung von Lochkarten aus Belegen hat man das Zuführen der Lochkarten, die Tastatureingabe, das Stanzen der Lochkarten und die Ablage der gestanzten Lochkarten als zeitrelevante Operationen.)

Schritt 3: Man ermittelt alle Leistungsdaten der betrachteten Gerätealternative für die zeitrelevanten Operationen (z. B. Lochkarteneinzug, Lochkartentransport, Eingabegeschwindigkeit über Tastatur, Lochkartenablage).

Schritt 4: Man bewertet für jede betrachtete Gerätealternative jede zeitrelevante Operation der Datenerfassungsprozesse mit den Leistungsdaten; man ermittelt also die Ausführungszeit jeder zeitrelevanten Operation (z. B. Zeit für das Einziehen einer Lochkarte mal Anzahl Lochkarten).

Schritt 5: Man aggregiert je Gerätealternative die Operationszeiten zur Durchsatzzeit.

Als entscheidender Nachteil dieser Methode ist die Unsicherheit der in Schritt 3 ermittelten Leistungsdaten anzusehen. Die Anbieter geben die gerätebezogenen Leistungsdaten meist als Nennleistungen an, die nur unter idealen Bedingungen erreicht werden können. Weitergehend ist aber folgender Einwand: Eine moderne Gerätetechnik (insbesondere intelligente Geräte oder on-line betriebene Datenerfassungsgeräte) erlauben keine einfache Aggregation von Einzelzeiten zur Durchsatzzeit (vor allem wegen der zeitlichen Überlagerung einzelner Operationen). Man kann daher die Zeitsynthese nur bei gesicherten Erfahrungen über die Leistungsdaten und bei einfacher Gerätetechnik anwenden.

Höhere Bewertungsmethoden

Hat man Geräte mit Computereigenschaften zu bewerten (z. B. intelligente Magnetbandsammelsysteme), dann liegt ein zur Computerbewertung völlig analoges Bewertungsproblem vor, das im allgemeinen nur weniger komplex ist (weil z. B. die Datenerfassungsprozesse weniger komplex sind als die Datenverarbeitungsprozesse). Zur Bestimmung geeigneter Bewertungsmethoden können also die in Abschnitt 6.3.4. im Zusammenhang mit der Computerbewertung angestellten Überlegungen herangezogen werden.

Zur Differenzierung dieser Aussagen im Hinblick auf die Gerätebewertung ist folgendes anzumerken (man gehe bei Verständigungsschwierigkeiten auf Abschnitt 6.3.4. zurück):

- Spezielle Simulatoren stehen für Datenerfassungsgeräte nicht zur Verfügung; die Anwendung von Simulationsmodellen mit generellen oder speziellen Simulationssprachen (vgl. Tafel 6/3) ist im allgemeinen zu aufwendig.
- Beim Benchmarking als Bewertungsmethode ergeben sich Schwierigkeiten daraus, daß alle Datenerfassungsprozesse vollständig durchorganisiert, programmiert und getestet sein müssen. Dies ist zum Zeitpunkt der Geräteauswahl meist nicht der Fall, zumal die Geräteauswahl teilweise Voraussetzung zur weiteren Feinprojektierung ist (vgl. Abschnitt 7.2.5.).
- Am zweckmäßigsten ist (wie bei der Computerbewertung) auch bei der Gerätebewertung das Test-Benchmarking. Man bildet hier in durchorganisierter, programmierter und getesteter Form einen repräsentativen Ausschnitt der Datenerfassungsprozesse ab.

Man kann folgende Aussage leicht nachvollziehen: Je stärker das Datenerfassungssystem mit dem Datenausgabesystem und beide in die Arbeitsplätze integriert werden, desto größer wird der Zwang zum Einsatz einer Gerätetechnik mit Computereigenschaften und folglich auch der Zwang zur Anwendung höherer Bewertungsmethoden zur Geräteauswahl (vgl. dazu auch Abschnitt 7.2.5).

Kontrollfragen zu 7.3.3.

1) Man gebe mit eigenen Worten eine Definition für „Durchsatzzeit".
2) Bei einfachen Bewertungsmethoden geht man von Erfahrungswerten zur Geräte-Eingabegeschwindigkeit aus; wie ermittelt sich daraus die Durchsatzzeit?
3) Man gebe mit eigenen Worten die Ablaufschritte der Bewertungsmethode „Zeitsynthese" an.
4) Worin bestehen die entscheidenden Nachteile der Zeitsynthese als Bewertungsmethode?
5) Zu welcher Aussage über die Anwendbarkeit führt eine Analyse der „höheren Bewertungsmethoden"?

7.3.4. Methode zum Bestimmen optimaler Netze

In den Abschnitten 7.2.4. bis 7.2.6. wurde das Entwickeln des Belegsystems, des Datenerfassungs- und Datenausgabesystems sowie des Datenverarbeitungssystems gezeigt. In diesen Teilsystemen und zwischen ihnen hat man zahlreiche Datenübertragungsprozesse, z. B.:

- Im Datenerfassungssystem zwischen den Orten der Datenentstehung und dem Ort der Erfassung der Daten auf maschinell verarbeitbare Datenzwischenträger (typisch für Datenerfassungsverfahren mit einem zentralen Einfügungsgrad).
- Zwischen dem Datenerfassungs- und dem Datenverarbeitungssystem (also zwischen den Datenerfassungsgeräten und den Computersystemen).
- Im Datenverarbeitungssystem selbst zwischen den verschiedenen Computersystemen eines Verbundsystems (eines Computernetzes).

Man kann diese Beispiele unter Einbeziehung des Datenausgabesystems und des Belegsystems erweitern. Aus der Tatsache, daß in einem Informationssystem in vielfacher Weise Datenübertragungsprozesse zu organisieren sind, wird verschiedentlich das Datenübertragungssystem als ein besonders zu betrachtendes Gestaltungsobjekt herausgehoben (dem hier nicht gefolgt wird).

Datenübertragung kann entweder als digitaler Übertragungsprozeß oder als physischer Übertragungsprozeß mit materiellen Datenträgern (Belege, Datenzwischenträger wie Lochkarten, Magnetbänder, Magnetbandkassetten, Magnetplattenkassetten) projektiert werden. Digitale Übertragungsprozesse über Lei-

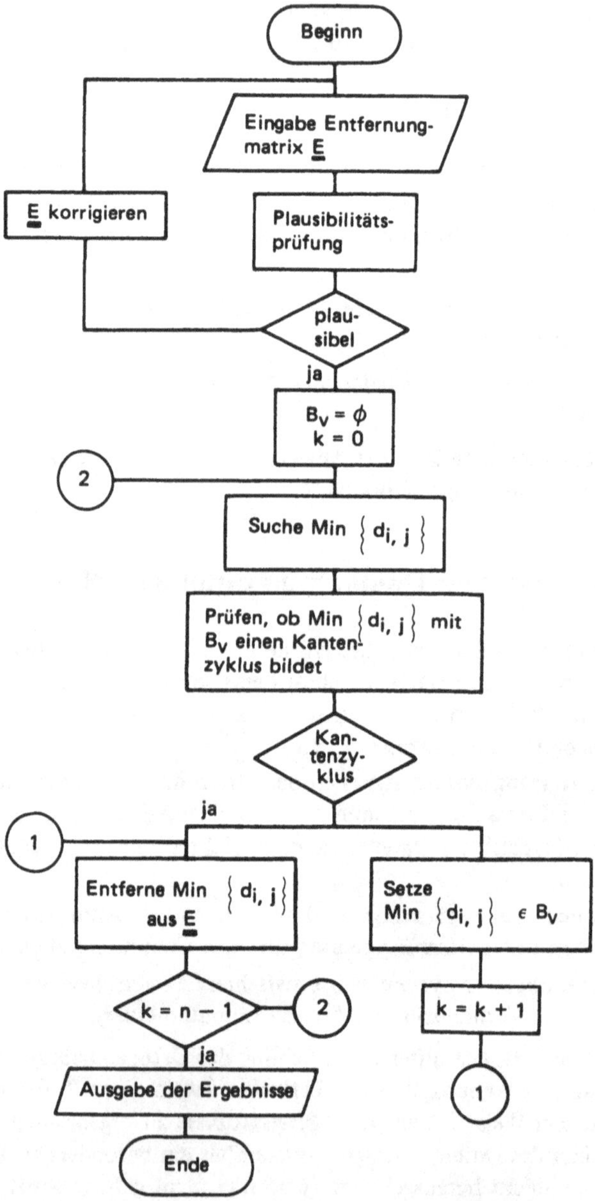

Abb. 7/10. Bestimmen optimaler Netze nach dem Kruskal-Algorithmus

tungen gewinnen dabei zunehmend an Bedeutung (sowohl im Zusammenhang mit Computernetzen als auch mit on-line betriebenen, dezentral stationierten Datenerfassungsgeräten).

Man hat dabei folgendes Entscheidungsproblem: Eine gegebene Anzahl von Datenerfassungsgeräten oder „Vorfeldrechnern" soll mit einem zentral installierten Hauptrechner so verbunden werden, daß ein Netz minimaler Länge entsteht. (Dabei ist „Länge" ganz allgemein zu verstehen; sie kann mit beliebigen Dimensionen quantitativ bestimmt sein, z. B. mit Kosten, Zeiten, Entfernungen.) Ein „Baum minimaler Länge" erfüllt diese Anforderungen, wenn unterstellt wird, daß die durch die Baumstruktur entstehenden Bedingungen (z. B. hinsichtlich der Kapazität der Übertragungswege) in jedem Fall erfüllbar sind. Man kann dann den *Kruskal-Algorithmus* zum „Aufspannen von Bäumen minimaler Länge" analog anwenden. Man geht dabei wie folgt vor:

1. Schritt: Aufstellung der Entfernungsmatrix $\underline{E}$; die Matrix muß symmetrisch sein. Man hat die Knoten $k_{i,\,j}$, i, j = 1(1)n mit den Entfernungen $d_{i,\,j}$ bzw. $d_{j,\,i}$; man setzt $B_v = \phi$.

2. Schritt: Man sucht aus $\underline{E}$ Min $\{d_{i,\,j}\}$. (Wenn man mehrere hat, wählt man ein beliebiges.)

3. Schritt: Man prüft, ob Min $\{d_{i,\,j}\}$ mit B_v einen Kantenzyklus bildet; wenn nein, setzt man Min $\{d_{i,\,j}\} \in B_v$ und entfernt die entsprechende Kante aus $\underline{E}$,
wenn ja, entfernt man Min $\{d_{i,j}\}$ aus $\underline{E}$.

4. Schritt: Man setzt mit dem 2. Schritt fort; das Verfahren ist beendet, wenn bei n Knoten $|B_v| = n-1$ ist.

Mit anderen Worten: Man bestimmt aus dem durch $\underline{E}$ gegebenen Graphen G den partiellen Graph $\overline{G}$, der ein Baum minimaler Länge ist.

Abb. 7/10 zeigt die Vorgehensweise als Programmablaufplan. Im Demonstrationsteil am Schluß dieses Kapitels wird dazu ein Beispiel gezeigt (Beispiel 7/3).

Kontrollfragen zu 7.3.4.

1) Man nenne ein Beispiel für Datenübertragungsprozesse im Datenerfassungssystem.

2) Man nenne ein Beispiel für Datenübertragungsprozesse im Datenverarbeitungssystem.

3) Welche beiden grundlegenden Gestaltungsmöglichkeiten für Datenübertragungsprozesse gibt es?

4) Welche Zielfunktion verfolgt man beim Anwenden des Kruskal- Algorithmus?

5) Man beschreibe mit eigenen Worten die Vorgehensweise beim Bestimmen optimaler Netze mit dem Kruskal-Algorithmus.

7.3.5. Methoden zur Auswahl von Standardsoftware

In Abschnitt 7.2.6. Entwickeln des Datenverarbeitungssystems wurde gesagt, daß man hier im allgemeinen vor dem Entscheidungsproblem steht, ob Anwendersoftware oder Teile der Anwendersoftware in Eigenregie erstellt, auftragsgebunden fremd erstellt oder fremd bezogen werden sollen (Bezug von Standardsoftware). Es sollen methodische Hinweise zur Auswahl von Standardsoftware entwickelt werden.

Die Auswahl von Standardsoftware kann durch folgende Verfahrensschritte beschrieben werden:

- Bestimmen der Alternativen,
- Optimumbestimmung und
- Vergleich mit der Entwicklung von Individualsoftware.

Bestimmen der Alternativen

Der erste Verfahrensschritt kann im wesentlichen als eine Zulässigkeitsprüfung angesehen werden. Man geht dabei einerseits von den Anforderungen an die Anwendersoftware aus, wie sie durch die Programmiervorgaben (vgl. Abschnitt 7.2.6.) beschrieben sind; andererseits sind die Leistungsmerkmale der am Markt angebotenen „Softwarepakete" herauszuarbeiten. Die Anforderungen der Programmiervorgaben stellen Auswahlkriterien mit *Limitierungscharakter* dar. Tafel 7/13 zeigt beispielhaft einige Anforderungsarten.

Die Wirkung der Auswahlkriterien mit Limitierungscharakter ist so: Ein angebotenes Softwarepaket ist dann und nur dann zulässig, wenn es bezüglich aller Auswahlkriterien den durch die Programmiervorgabe gegebenen Zielertrag mindestens erreicht; sonst ist es nicht zulässig. Beispielsweise werden bestimmte Anforderungen an das Betriebssystem gestellt, mit anderen Worten: unter welchem Betriebssystem die Anwendersoftware laufen soll. Standardsoftware, die nicht unter diesem Betriebssystem läuft, ist dann keine zulässige Alternative für die Optimumbestimmung.

Der Vorteil dieser Vorgehensweise besteht darin, daß die angebotene Standardsoftware sehr schnell bewertet werden kann, ohne notwendigerweise für alle Angebote sämtliche Auswahlkriterien heranziehen zu müssen. Man darf sich diese Zulässigkeitsprüfung jedoch nicht als einen einfachen linearen Ablauf vorstellen; Rückkopplungen können z. B. zu einem Verändern der durch die Programmiervorgaben festgelegten Anforderungen führen.

- Ausgabe-Anforderungen
  - + Inhalt der Ausgabe
  - + Form der Ausgabe
- Eingabe-Anforderungen
  - + Inhalt der Eingabe
  - + Form der Eingabe
- Anforderungen an die Verarbeitungsregeln
  - + Prüfen der Ausgabesätze
  - + Lösungsalgorithmus
  - + Prüfen der Eingabesätze
  - + Mensch-Maschine-Kommunikation bei der Ausgabe, Verarbeitung und Eingabe
- Hardware-Anforderungen
  - + Hersteller/Modell
  - + Hauptspeicherbedarf
  - + Peripheriebedarf
- Software-Anforderungen
  - + Betriebssystem
  - + Programmiersprache
- Anforderungen an die Dokumentation
- Anforderungen an die Zuverlässigkeit
- Pflege-Anforderungen
- Anforderungen an die Installationsunterstützung

Tafel 7/13. Anforderungsarten für die Zulässigkeitsprüfung von Standardsoftware

Optimumbestimmung

Hat man mehrere zulässige Alternativen, dann muß man im zweiten Verfahrensschritt über eine Menge von Auswahlkriterien, die als *Extremalkriterien* formuliert sind, eine Optimumbestimmung vornehmen; dies kann in Anbetracht der Mehrdimensionalität des Auswahlproblems am besten mit einem Nutzwertmodell erfolgen (vgl. Abschnitt 3.4.8.).

Auswahlkriterien für die Optimumbestimmungen können zumindest teilweise die bereits im ersten Verfahrensschritt verwendeten Kriterien sein. Dadurch können Zielertragsunterschiede zwischen den Alternativen berücksichtigt werden (so z. B. bezüglich des Hauptspeicherbedarfs, des Peripheriebedarfs oder des Pflegeaufwands). Andere Limitierungskriterien (wie z. B. Betriebssystem, Programmiersprache) sind als Extremalkriterien nicht brauchbar. Daneben können weitere Extremalkriterien zur Auswahl herangezogen werden. (Beispiele für weitere Extremalkriterien sind: Programmlaufzeit, Anwendungserfahrungen, Anschaffungskosten, Installationszeit, sonstige Vertragsbedingungen.)

Vergleich mit Individualsoftware

Schließlich ist die im zweiten Verfahrensschritt ermittelte optimale Alternative (bzw. die im ersten Verfahrensschritt ermittelte zulässige Alternative, wenn nur eine Alternative zulässig ist) im Vergleich mit der Entwicklung von Individualsoftware zu bewerten. Man kann hierzu methodisch so vorgehen, wie dies im zweiten Verfahrensschritt beschrieben wurde, also die Entwicklung von Individualsoftware analog wie die zulässigen Alternativen der Standardsoftware bewerten. (Im Unterschied zur Standardsoftware müssen für die alternativen Entwicklungen von Individualsoftware die meisten Zielerträge prognostiziert werden.) „Individualsoftware" kann dabei (wie in Abschnitt 7.2.6. gezeigt) in mindestens zwei Alternativen aufgespalten werden, nämlich „Entwikkeln in Eigenregie" und „Auftragsgebundene Fremdentwicklung". Für die auftragsgebundene Fremdentwicklung hat man meist wieder mehrere Varianten (mehrere alternative Auftragnehmer).

Eine andere Variante der Vorgehensweise ist folgende: Man geht im dritten Verfahrensschritt davon aus, daß bezüglich aller Auswahlkriterien mit Ausnahme der Kosten für die alternativen Entwicklungen von Individualsoftware die Zielerträge realisiert werden, die dnrch die optimale Alternative der Standardsoftware erreicht werden. Man kann dann den Vergleich auf die monetären Größen beschränken und das Entscheidungsproblem mit einer dynamisierten Kostenvergleichsrechnung lösen (vgl. Abschnitt 3.4.9.).

Kontrollfragen zu 7.3.5.

1) Man erläutere das Entscheidungsproblem „Auswahl von Standardsoftware" und ordne dieses in den Planungsschritt „Entwickeln des Datenverarbeitungssystems" ein.
2) Man beschreibe den ersten Schritt des Auswahlprozesses; man begründe dabei die Zweckmäßigkeit der Verwendung von Limitierungskriterien.
3) Man nenne mindestens fünf Anforderungsarten, die als Limitierungskriterien Verwendung finden können.
4) Worin besteht der wesentliche Unterschied zwischen dem ersten und dem zweiten Verfahrensschritt?
5) Welche beiden alternativen Vorgehensweisen wurden für den dritten Verfahrensschritt angegeben?

7.3.6. Programmgeneratoren

In Abschnitt 7.2.6. wurde das Erstellen der Anwendersoftware erläutert; bereits in Abschnitt 3.5. wurde im Zusammenhang mit der Darstellung der computerunterstützten Systemplanung auf Programmgeneratoren zur computerunterstützten Anwendersoftwareerstellung verwiesen. Diese Programmgeneratoren sollen hier näher betrachtet werden.

Die Komponenten eines Programmgenerators sind:

- Eine Parametersprache,
- eine Modulbibliothek und
- ein Generatorprogramm.

Parametersprache

Parametersprachen sind höhere, stärker problem- oder anwendungsorientierte Sprachen als etwa COBOL oder PL/1. Sie haben die Eigenschaft, die Logik einer Problemlösung vollständig zu beschreiben, so daß daraus lauffähige Anwenderprogramme in einer symbolischen Programmiersprache automatisch generiert werden können (nicht etwa nur Programmstücke). Einfache Parametersprachen sind z. B. sogenannte Bestimmungsbögen, die heute vielfach zur Beschreibung von Problemlösungen mit dem Zweck verwendet werden, Anwendersoftware für Kleincomputersysteme zu generieren (z. B. Phamos von Philips für die Systemfamilie P 300).

Modulbibliothek

Die Anwenderprogramme werden aus einer Modulbibliothek generiert (zum Begriff Modul vgl. Abschnitt 7.2.6.). Auf Grund der Beschreibung der Problemlösung mit der Parametersprache werden die benötigten Module aus der Modulbibliothek ausgewählt und soweit erforderlich parametrisiert (z. B. durch Angabe von Druckpositionen in der Ausgabeaufbereitung, von Satzformaten in der Eingabeaufbereitung).

Generatorprogramm

Schließlich wird durch die Beschreibung der Problemlösung das Generatorprogramm aktiviert, das ein Programmgerüst für das Anwenderprogramm erstellt und die ausgewählten Module darin einordnet. Das Anwenderprogramm ist damit fertig generiert.

Im allgemeinen generiert man das Anwenderprogramm nicht als Objektpro-

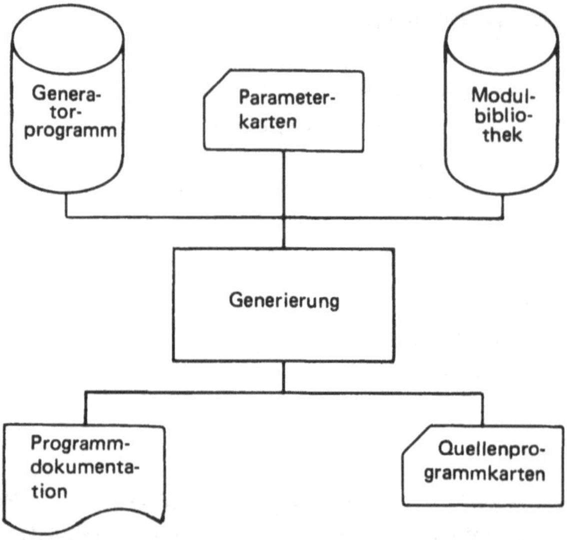

Abb. 7/11. Datenflußplan zur Programmgenerierung

gramm für ein bestimmtes Computersystem, sondern als Quellenprogramm in einer höheren Programmiersprache (um maschinenunabhängig zu sein). Dieses wird anschließend in ein Objektprogramm compiliert. Abb. 7/11 zeigt die Erzeugung des Quellenprogramms durch einen Programmgenerator als Datenflußplan (die verwendeten Datenträger haben nur Beispielcharakter).

Als entscheidende Vorteile der Verwendung von Programmgeneratoren sind anzusehen:

- Durch die Parametersprache wird die Systemplanung beim Bestimmen der Benutzeranforderungen unterstützt (vgl. Abschnitte 5.2.2. und 6.2.2.).
- Die Parametersprache erlaubt eine stärkere Benutzerorientierung der Systemplanung, weil sie einfacher zu handhaben ist als „problemorientierte" Programmiersprachen.
- Die Entwicklungszeit für Anwendersoftware wird durch den Einsatz von Programmgeneratoren verkürzt.
- Anwendersoftware kann kurzfristig an sich ändernde Benutzeranforderungen angepaßt werden (durch Wiederholung des Generierungsprozesses).
- Es sind nur geringe personelle Ressourcen für die Softwareerstellung erforderlich.

Programmgeneratoren können heute noch nicht als bereits ausgereifte Methoden zur Softwareerstellung angesehen werden. Besonders bei „einfachen" Programmgeneratoren, welche die explizite Angabe der Module und der Modifikation durch den Programmierer verlangen (mit anderen Worten: die nicht über eine Parametersprache verfügen), ist es fraglich, ob gegenüber höheren Programmiersprachen überhaupt Vorteile existieren.

Kontrollfragen zu 7.3.6.

1) Aus welchen „Komponenten" besteht ein Programmgenerator?
2) Welche für die Programmgenerierung wesentliche Eigenschaft hat eine Parametersprache?
3) Man beschreibe den Ablauf der Programmgenerierung anhand der Abb. 7/11.
4) Generiert man das Anwenderprogramm im allgemeinen als Quellenprogramm oder als Objektprogramm und warum?
5) Welche Vorteile hat man beim Anwenden von Programmgeneratoren zur Softwareerstellung?

Demonstrationsbeispiele zur Feinprojektierung

Beispiel 7/1

Es soll der Schutz von Daten durch *computerinterne Abstimmkreise* gezeigt werden (vgl. Abschnitt 7.2.2. Entwickeln des Datenschutzsystems). Dabei

Kontonummer	Saldo
2501	10.000,–
2502	5.000,–
2510	~~84.000,–~~ 10.000,–
2511	14.000,–
2512	5.000,–
2513	500,–
2516	5.000,–
2521	~~3.000,–~~ 17.000,–
2525	3.500,–
Abstimmsumme:	130.000,–

Tafel 7/14. Personenkontendatei mit globaler Abstimmsumme

wird von dem in Tafel 7/14 dargestellten Ausschnitt einer Personenkontendatei (in einem Kreditinstitut) ausgegangen.

Die Datei in Tafel 7/14 wurde durch systemfremde Personen manipuliert: Der Saldo des Kontos 2510 wurde um 14.000,– verringert, der Saldo des Kontos 2521 um 14.000,– erhöht. Beide Änderungen kompensieren sich in der Summe, so daß die deliktische Handlung durch eine globale Abstimmsumme (hier: 130.000,–) nicht erkannt wird.

Der Datenschutz mit globaler Abstimmsumme kann durch differenzierte Abstimmsummen verbessert werden. Man ordnet dazu die einzelnen Konten nach Klassen und ermittelt für jede Klasse eine Abstimmsumme. Dies wird in Tafel 7/15 gezeigt. Die Manipulation wird hier aber nur deshalb

Kontonummer	Saldo Klasse A	Saldo Klasse B	Saldo Klasse C
2501	10.000,–		
2502		5.000,–	
2510	~~84.000,–~~ 10.000,–		
2511			14.000,–
2512	5.000,–		
2513		500,–	
2516			5.000,–
2521		~~3.000,–~~ 17.000,–	
2525		3.500,–	
Abstimmsumme:	99.000,–	12.000,–	19.000,–

Tafel 7/15. Personenkontendatei mit differenzierten Abstimmsummen

erkannt, weil die beiden veränderten Konten verschiedenen Klassen zugeordnet wurden. Bei Kenntnis dieser Klassenbildung kann der Defraudant diesen Irrtum vermeiden.

Kontonummer	A	B	C	Abstimmsummen
0	84.000,–			84.000,–
1	10.000,–	3.000,–	14.000,–	27.000,–
2	5.000,–	5.000,–		10.000,–
3		500,–		500,–
4				
5		3.500,–		3.500,–
6			5.000,–	5.000,–
7				
8				
9				
Abstimmsummen:	99.000,–	12.000,–	19.000,–	130.000,–

Tafel 7/16. Personenkontendatei mit zweidimensional differenzierten Abstimmsummen

Eine Verbesserung des Datenschutzes erreicht man durch computerinterne Abstimmkreise. Die Bildung der Abstimmkreise erfolgt hierbei durch das Anwendungsprogramm selbst; eine Datenmanipulation setzt also die (meist schwieriger durchführbare) Programmanipulation voraus. So können die in Tafel 7/15 gezeigten Abstimmkreise etwa dadurch verfeinert werden, daß vom Anwendungsprogramm nach der n-ten Stelle der Kontonummer weiter im Abstimmkreis differenziert wird. Tafel 7/16 zeigt das Beispiel der Tafel 7/15, wobei weiter nach der Einerstelle der Kontonummer differenziert wurde (zweidimensional differenzierte Abstimmsumme).

Eine Manipulation kann nur dann unerkannt bleiben, wenn beide zur Manipulation verwendeten Konten sowohl zur gleichen Kontenklasse (A, B oder C) als auch zu einem gemeinsamen computerinternen Abstimmkreis (0, 1 ... 9) gehören. Das Verfahren kann verbessert werden, indem man die Abstimmkreisbildung verschlüsselt und diese Verschlüsselung wechselt.

Beispiel 7/2

Am Beispiel der *Drucklisten* (etwa von Fakturen) soll die Vorgehensweise beim Gestalten von Belegen, insbesondere die Beleggliederung, demonstriert werden.

Zunächst ist der Drucktext nach Zeilenarten zu gliedern in:

- ○ Überschriftenzeilen
- ○ Kopfzeilen
- ○ Postenzeilen
- ○ Zwischensummenzeilen
- ○ Gesamtzeilen
- ○ Übertragungszeilen
- ○ Fußzeilen.

Anschließend sind die Zeilenarten auf einem Entwurfsblatt so anzuordnen, daß der verfügbare Raum übersichtlich aufgeteilt wird:

- Überschrifts- und Kopfzeilen sind einzutragen,
- numerische Felder werden z. B. durch 9999 ... in einer der maximalen Feldlänge entsprechenden Anzahl und
- Textfelder z. B. durch AAAA ... in einer der maximalen Feldlänge entsprechenden Anzahl gekennzeichnet,
- Sonderzeichen (z. B. Komma) und Vorzeichen (+, –, + oder –) sind anzugeben.

Bei der Verwendung von Blanko-Belegen empfiehlt es sich (zur Verbesserung der Übersichtlichkeit), die Beleggliederung zu standardisieren, etwa wie folgt:

- Standardisierung der Überschriftszeile, z. B. für DIN A 3 die Stellen
  - ○ 10 bis 17 für das Datum in der Form TT.MM.JJ,

- o 29 bis 88 für die Listenbezeichnung,
- o 97 bis 107 für die Programmnummer und
- o 111 bis 119 für „Seite xxx" (xxx ist eine dreistellige Zählnummer).

– Unterdrückung nachfolgender und gleicher Ordnungskriterien, z. B.

3518	xxx	xxx
3527	xxx	xxx
	xxx	xxx
3602	xxx	xxx

– Gruppierung verwandter Feldarten, z. B. (jeweils zwischen den Schrägstrichen)

/Beleg-Nummer	– Verpackungsart	– Lager/
/Artikel-Nummer	– Datum	– Bestell-Nummer/
/Menge	– Einzelpreis	– Betrag/

– Standardisierung des Layouts, z. B.
- o Druck linksbündig
- o Regeln für Zeilenabstände
- o Differenzierung von Summenbildungen
- o Spaltenabstände
- o Abstände innerhalb der Spalten.

Beispiel 7/3

In Abschnitt 7.3.4. wurde der *Kruskal-Algorithmus* erläutert, mit dessen Hilfe das Bestimmen optimaler Netze erfolgen kann. Zielfunktion ist dabei das

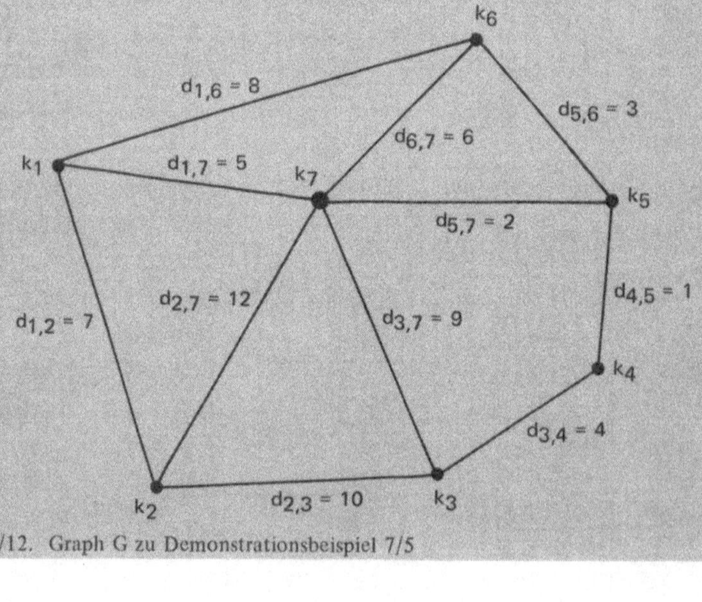

Abb. 7/12. Graph G zu Demonstrationsbeispiel 7/5

Minimieren des Netzes (der Weglänge); die Wege können mit alternativen Größen bewertet sein (z. B. Kosten, Zeiten, Entfernungen). Das folgende Demonstrationsbeispiel geht von dem in Abb. 7/12 gezeigten Graph aus. Die Knoten sind die zu verbindenden Geräte; sie sind mit $k_{i,\,j}$, $i, j = 1(1)n$ bezeichnet, die Weglängen mit $d_{i,\,j}$. (Man nehme zur Verfolgung des Beispiels auch Abb. 7/10 zu Hilfe.)

1. Schritt: Aus G wird durch Ablesen der Entfernungen die Entfernungsmatrix $\underline{E}$ aufgestellt, deren Zeilen und Spalten die Knoten k_1 bis k_7 und deren Elemente die Entfernungen sind. (In Entfernungsmatrixen gibt man nur direkte Verbindungen an; besteht zwischen zwei Knoten keine direkte Verbindung, dann setzt man ∞.) Da $\underline{E}$ symmetrisch ist, sind Eintragungen nur auf einer Seite der Hauptdiagonalen erforderlich.

$\underline{E}$ =

	1	2	3	4	5	6	7
1		7	∞	∞	∞	8	5
2			10	∞	∞	∞	12
3				4	∞	∞	9
4					1	∞	∞
5						3	2
6							6
7							

2. Schritt: Min $\{d_{i,j}\}$ ist $d_{4,5} = 1$

3. Schritt: $d_{4,5} \in B_v$; $d_{4,5}$ wird in $\underline{E}$ gestrichen.

2. Schritt: Min $\{d_{i,j}\}$ ist $d_{5,7} = 2$.

3. Schritt: $d_{5,7}$ bildet mit $d_{4,5}$ keinen Kantenzyklus, man setzt daher $d_{5,7} \in B_v$; $d_{5,7}$ wird in $\underline{E}$ gestrichen.

2. Schritt: Min $\{d_{i,j}\}$ ist $d_{5,6} = 3$.

3. Schritt: $d_{5,6}$ bildet mit $d_{4,5}$ und $d_{5,7}$ keinen Kantenzyklus, man setzt daher $d_{5,6} \in B_v$; $d_{5,6}$ wird in $\underline{E}$ gestrichen.

2. Schritt: Min $\{d_{i,j}\}$ ist $d_{3,4} = 4$.

3. Schritt: $d_{3,4}$ bildet mit $d_{4,5}$ und $d_{5,7}$ und $d_{5,6}$ keinen Kantenzyklus, man setzt daher $d_{3,4} \in B_v$; $d_{3,4}$ wird in $\underline{E}$ gestrichen.

2. Schritt: Min $\{d_{i,j}\}$ ist $d_{1,7} = 5$.

3. Schritt: $d_{1,7}$ bildet mit $d_{4,5}$ und $d_{5,7}$ und $d_{5,6}$ und $d_{3,4}$ keinen Kantenzyklus, man setzt daher $d_{1,7} \in B_V$; $d_{1,7}$ wird in $\underline{E}$ gestrichen.

2. Schritt: Min $\{ d_{i,j} \}$ ist $d_{6,7} = 6$.

3. Schritt: $d_{6,7}$ bildet mit $d_{5,6}$ und $d_{5,7}$ einen Kantenzyklus, man setzt daher $d_{6,7} \notin B_V$; $d_{6,7}$ wird in $\underline{E}$ gestrichen.

2. Schritt: Min $\{ d_{i,j} \}$ ist $d_{1,2} = 7$.

3. Schritt: $d_{1,2}$ bildet mit $d_{4,5}$ und $d_{5,7}$ und $d_{5,6}$ und $d_{3,4}$ und $d_{1,7}$ keinen Kantenzyklus, man setzt daher $d_{1,2} \in B_V$.

Nach diesem Schritt ist $| B_V | = n-1$ (also gleich 8); also ist das Verfahren beendet. Das optimale Netz ist also durch die Kanten $d_{4,5} = 1$, $d_{5,7} = 2$, $d_{5,6} = 3$, $d_{3,4} = 4$, $d_{1,7} = 5$ und $d_{1,2} = 7$ gegeben; die minimale Weglänge ist 22.

Übungsaufgaben zu Kapitel 7

Übungsaufgabe 7/1

An zwei Beispielen aus der betrieblichen Praxis soll das Entwickeln von *Nummernsystemen* geübt werden. (Man vgl. dazu Abschnitt 7.2.1.).

a) Es soll eine *Auftragsnummer* nach folgenden Grundsätzen entwickelt werden:

- Es wird ein Verbund-Nummernsystem verlangt,
- zur Klassifizierung soll die Auftragsart dienen; man unterscheidet zur Zeit neun verschiedene Auftragsarten,
- innerhalb jeder Auftragsart wird durch eine Zählnummer unterschieden; man hat je Auftragsart einen durchschnittlichen Auftragsbestand von 600 Aufträgen.

b) Es soll die *Kundennummer* als klassifizierendes Nummernsystem entwickelt werden; näher betrachtet wird der Nummernteil „Zahlungsbedingungen". Die Zahlungsbedingungen sind verbal wie folgt beschrieben:

- 2% Skonto innerhalb von 10 Tagen, netto innerhalb von 30 Tagen,
- wie oben, aber innerhalb von 60 Tagen,
- wie oben, aber innerhalb von 90 Tagen,
- 3% Skonto innerhalb von 10 Tagen, netto innerhalb von 30 Tagen,
- wie oben, aber innerhalb von 60 Tagen,
- wie oben, aber innerhalb von 90 Tagen,
- 3% Skonto innerhalb von 10 Tagen ODER 3% Skonto innerhalb von 30 Tagen, netto innerhalb von 60 Tagen,

- wie oben, aber innerhalb von 90 Tagen,
- weiter gibt es für einige Kunden Zahlungsbedingungen ohne Skontoabzug und mit Nettozielen von 10, 30, 60 und 90 Tagen.

Man stelle alle gannnten Zahlungsbedingungen systematisch zusammen und ordne jeder von Ihnen einen Nummernteil „Zahlungsbedingung" zu.

Übungsaufgabe 7/2

Nach verschiedenen Verfahren sollen für ein Ordnungsdatum (z. B. eine Kundennummer, eine Artikelnummer) die *Prüfziffern* gebildet werden, mit anderen Worten: es sollen die mit Prüfziffern gesicherten Ordnungsdaten ermittelt werden. Daneben werden Aufgaben zum Prüfen auf Richtigkeit gestellt. Das Ordnungsdatum sei 37578.

a) Man ermittle die Prüfziffer durch (einfache) Quersummenbildung.

b) Man ermittle die Prüfziffer nach dem Modul-Verfahren mit m = 10 und g_i = 1-2-1-2 usw.

c) Wie b), aber mit m = 11.

d) Wie c), aber mit g_i = 3-5-7-3-5-7 usw.

e) Wird bei dem in b) verwendeten Algorithmus der Drehfehler ab nach ba mit 37758x bzw. der Drehfehler abcde nach cbade mit 57378x erkannt? (x steht für die Prüfziffer, die nach b) ermittelt wurde.)

f) Werden bei dem in d) verwendeten Algorithmus die in e) genannten Fehler erkannt?

8. Planungsstufe Implementierungs- vorbereitung

In diesem Kapitel wird die Implementierungsvorbereitung als fünfte Planungsstufe nach dem Phasenschema zur Systemplanung (vgl. Abschnitt 3.3.) behandelt, die zusammen mit der Planungsstufe Implementierung die Planungsphase Systemeinführung bildet. Es werden zunächst das Ziel und die Aufgaben der Implementierungsvorbereitung formuliert, dann die wichtigsten Planungsschritte behandelt und schließlich stufenspezifische Methoden der Implementierungsvorbereitung dargestellt. Zum Abschluß werden Demonstrationsbeispiele gezeigt und Übungsaufgaben gestellt.

8.1. Ziel und Aufgaben der Implementierungs- vorbereitung

In Abschnitt 3.3. wurde gesagt, daß das Phasenschema zur Systemplanung eine logische Ordnung der Aktivitäten zur Systemplanung angibt, die nicht zwingend auch eine zeitliche Ordnung beinhaltet; verschiedene Planungsstufen überlappen sich und sind durch Rückkopplungen untereinander vernetzt. Für die Implementierungsvorbereitung ist es typisch, daß einzelne Planungsaktivitäten schon während der Grobprojektierung, andere während der Feinprojektierung und nur eine Restmenge schließlich erst nach Abschluß der Feinprojektierung abgewickelt werden können. Bei der „Planung der Systemplanung" wird man versuchen, diese Restmenge zu minimieren, um damit den zeitlichen Abstand zwischen dem Abschluß der Feinprojektierung und der Implementierung so kurz wie möglich zu halten.

Das Ziel der Implementierungsvorbereitung soll wie folgt formuliert werden: Für das bis zur Einführungsreife entwickelte Informationssystem (bzw. für einzelne Teilprojekte) sollen sämtliche Einsatzbedingungen geschaffen werden, die notwendig sind, um das Informationssystem in die Betriebsphase zu überführen. Daraus ergeben sich die wichtigsten Aufgaben der Implementierungsvorbereitung wie folgt:

Erste Aufgabe der Implementierungsvorbereitung

Als erste Aufgabe wird die programmtechnische Vorbereitung behandelt, die unmittelbar an die Feinprojektierung der einzelnen Teilprojekte anschließt. Im Mittelpunkt steht die Sicherung der Dateiverfügbarkeit.

Zweite Aufgabe der Implementierungsvorbereitung

Zweite Aufgabe ist die organisatorische Vorbereitung. Hierunter ist vor allem das Vervollständigen und Abschließen der Dokumentation und das Erarbeiten von Bediener- und Benutzeranweisungen zu verstehen.

Dritte Aufgabe der Implementierungsvorbereitung

Als dritte Aufgabe wird die personelle Vorbereitung behandelt, also die Personalschulung und Personalmotivation.

Vierte Aufgabe der Implementierungsvorbereitung

Einen erheblichen Umfang im Rahmen der Implementierungsvorbereitung nimmt die strukturelle Vorbereitung ein, worunter die Bildung neuer, die Auflösung bestehender und die Veränderung bestehender Struktureinheiten (Abteilungen und Stellen) zu verstehen ist.

Fünfte Aufgabe der Implementierungsvorbereitung

Fünftens wird die gerätetechnische Vorbereitung betrachtet, also die Installation der Computersysteme einschließlich ihrer peripheren Geräte, der Geräte zur Datenerfassung und sonstiger gerätetechnischer Hilfsmittel.

Sechste Aufgabe der Implementierungsvorbereitung

Schließlich wird als sechste Aufgabe das Ausarbeiten der Implementierungspläne für die Planungsstufe Implementierung im Zusammenhang mit dem Erstellen des Abschlußberichts zur Feinprojektierung und zur Implementierungsvorbereitung betrachtet.

Im Zusammenhang mit dem Entwickeln des Datenerfassungs- und Datenausgabesystems (vgl. Abschnitt 7.2.5.) wurde die Integration des Datenverarbeitungssystems mit den übrigen Teilen des betrieblichen Aufgabensystems als ein generelles Ziel der Gestaltung computergestützter Informationssysteme bezeichnet. In Verfolgung dieses Zieles wird man zunächst die Datenerfassungsprozesse, weiter auch die Datenausgabeprozesse in die Arbeitsplätze der Benutzer verlagern. Man wird damit zwangsläufig den Benutzer auch stärker in den Systemplanungsprozeß einbeziehen. Mit anderen Worten: Man verfolgt damit zunehmend eine Gestaltungsphilosophie für Informationssysteme, die mit „Computer am Arbeitsplatz" umschrieben werden kann und die in einem krassen Gegensatz zu der heute vorherrschenden Gestaltungsphilosophie „zentral organisierter Informationssysteme" steht.

Die Unterschiedlichkeit der Gestaltungsphilosophien wirkt sich besonders deutlich in der Planungsstufe Implementierungsvorbereitung aus. Beispielsweise hat man bei zentral organisierten Informationssystemen umfangreiche Planungsaktivitäten zur *strukturellen* Vorbereitung durch die Schaffung neuer Struktureinheiten (insbesondere der sogenannten Datenverarbeitungsabteilung); bei dezentral organisierten Informationssystemen („Computer am Arbeitsplatz") verlagern sich die Planungsaktivitäten in den Bereich der Veränderung bestehender Struktureinheiten bzw. einzelner Arbeitsplätze.

Die nachfolgende Darstellung lehnt sich enger an die heute vorherrschende Gestaltungsphilosophie der zentral organisierten Informationssysteme an.

Kontrollfragen zu 8.1.

1) Man erläutere mit eigenen Worten das „Ziel der Implementierungsvorbereitung".
2) Man gebe durch „Überschriften" die „Aufgaben der Implementierungsvorbereitung" an.
3) Man erläutere anhand dieser Aufgaben, warum das Phasenschema zur Systemplanung im allgemeinen nicht auch die zeitliche Abfolge der Planungsaktivitäten angibt.
4) Was wird unter „Integration" des Datenverarbeitungssystems mit den übrigen Teilen des betrieblichen Aufgabensystems verstanden?
5) Welche Konsequenzen ergeben sich z. B. für die „strukturelle Vorbereitung" aus der Verfolgung des zu 4) erläuterten Planungszieles?

8.2. Schritte der Implementierungsvorbereitung

Die im vorangegangenen Abschnitt entwickelten Aufgaben der Implementierungsvorbereitung sollen nachfolgend als Planungsschritte im einzelnen behandelt werden. Im Umfang der Darstellungen ergeben sich erhebliche Abweichungen, weil die betriebswirtschaftlich-organisatorischen Gestaltungsentscheidungen in den Vordergrund gerückt werden sollen. Deshalb wird besonders ausführlich auf die *strukturelle* Vorbereitung und hier auf die Gestaltung der Datenverarbeitungsabteilung eingegangen.

8.2.1. Programmtechnische Vorbereitung

Als erster Schritt wird die programmtechnische Vorbereitung behandelt; sie schließt unmittelbar an die Feinprojektierung der einzelnen Teilprojekte an, also an das Entwickeln der Anwendersoftware im Datenerfassungs- und Datenausgabesystem und insbesondere im Datenverarbeitungssystem einschließlich Testen (vgl. die Abschnitte 7.2.5. bis 7.2.7.).

Dateikonvertierung

Als typische Aktivität der programmtechnischen Vorbereitung im Anschluß an die Feinprojektierung ist das Konvertieren der Dateien anzusehen (Dateien der Stamm- und Bestandsdaten, man vgl. die Definitionen 6/2 und 6/4). Dateikonvertierungen sind vor allem aus folgenden Gründen erforderlich:

- Die Dateien ermöglichen in der vorliegenden Form keinen maschinellen Zugriff (Ergebnis manueller Prozesse, Karteien, gebundene Formblätter u. a.),
- die Dateien liegen zwar auf einem maschinell verarbeitbaren Datenträger vor, das neue Informationssystem erfordert jedoch die Verwendung eines anderen Datenträgers (z. B. Magnetband statt Lochkarte),
- Änderungen im Satzaufbau erfordern eine Umordnung der Datenfelder mit oder ohne Wechsel des Datenträgers und
- die Zusammenfassung von vorhandenen Dateien ist erforderlich.

Wichtige Aktivitäten für die Dateikonvertierung sind:

- Festlegen der Konvertierungsmethoden (vgl. Abschnitt 8.3.1.),
- Festlegen von Dokumentationsrichtlinien für alte und neue Dateien und für den Konvertierungsablauf,
- Zusammenstellen aller vorhandenen Dateien und ihrer Charakteristiken,
- Feststellen der zu konvertierenden Dateien,
- Festlegen der Reihenfolge der Konvertierung,
- Festlegen der Anforderungen an die Konvertierungsprogramme,
- Festlegen der Verfahren zur Aufrechterhaltung der Aktualität der zu konvertierenden Dateien und
- Entwickeln oder Einführen von Konvertierungsverfahren.

Der Prozeß des Konvertierens der Dateien kann durch folgende Schritte beschrieben werden:

Schritt 1: Sammeln der Daten der zu konvertierenden Dateien. In vielen Situationen ist es erforderlich, die Daten der zu konvertierenden Dateien von nicht maschinell verarbeitbaren Datenträgern zusammenzufassen. In anderen Fällen handelt es sich lediglich um eine Ergänzung der bereits auf maschinell verarbeitbaren Datenträgern geführten Daten um zusätzliche Daten. Für das Zusammenfassen und Aufbereiten dieser Daten sind spezielle Prozeduren vorzusehen.

Schritt 2: Durchführen der Dateikonvertierung. Daten, die auf nicht maschinell verarbeitbaren Datenträgern vorliegen, werden zunächst auf Datenzwischenträgern (z. B. Lochkarten) erfaßt. Die in maschinell verarbeitbarer Form erfaßten oder bereits vorliegenden Daten werden mit Hilfe eines Standard-Dienstprogramms oder eines speziellen (individuellen) Konvertierungsprogramms auf die vorgesehenen Speichermedien konvertiert.

Schritt 3: Testen der konvertierten Dateien. Die konvertierten Dateien werden in einem dem Eingabeformat entsprechenden Format ausgedruckt; die Eingabelisten werden mit dem Ausdruck abgestimmt. Fehler werden in einem zweiten Konvertierungslauf korrigiert. Bei geringer Fehleranzahl ist die Korrektur zusammen mit dem ersten Verarbeitungs- oder Änderungslauf möglich.

Schritt 4: Pflege der konvertierten Dateien (Änderungsdienst). Die Dateikonvertierung liegt meist zeitlich vor der Implementierung des Informationssystems. Daher müssen die Dateien bis zur Implementierung gepflegt werden; der Änderungsdienst ist zu organiserien (vgl. dazu auch Abschnitt 8.3.1.).

In Abschnitt 7.2.7. wurde im Zusammenhang mit dem Testen gesagt: Beim Test einer Modulgruppe sollten möglichst „echte" Daten verwendet werden; unter allen Umständen sollten die Stamm- und Bestandsdaten „echte" Daten sein, die in der vorgesehenen Struktur und Organisationsform auf den vorgesehenen Speichern zur Verfügung stehen. Spätestens in der genannten Phase des Testens sollte es also möglich sein, die Dateien zu konvertieren.

Programmadaption

In Abschnitt 7.2.6. wurde das Entscheidungsproblem „Eigenfertigung oder Fremdbezug von Anwendersoftware" behandelt. Bei Rekonfiguration hat man häufig ein ähnlich gelagertes Entscheidungsproblem: Man steht vor der Frage, ob vorhandene Anwendersoftware adaptiert werden soll oder durch Neuprogrammierung abzulösen ist. Adaptieren von Anwenderprogrammen heißt: Man will vorhandene Anwenderprogramme (die für eine andere Hardware und Systemsoftware geschrieben wurden) so verändern, daß sie auch auf der zu installierenden Hardware und Systemsoftware lauffähig sind.

Im allgemeinen hat die Programmadaption die Konsequenz, daß die Programmlaufzeiten drastisch verlängert werden. Dem steht als Vorteil die schnelle Implementierung bei geringem Ressourceneinsatz gegenüber. Man verwendet daher adaptierte Programme meist nur in einer Übergangsphase und löst sie so schnell wie möglich durch eine Neuprogrammierung ab.

Zur Lösung des Wahlproblems „Programmadaption oder Neuprogrammierung" kann eine dynamisierte Kostenvergleichsrechnung (vgl. Abschnitt 3.4.9.) verwendet werden; ein Demonstrationsbeispiel dazu wird am Schluß dieses Kapitels gezeigt (Beispiel 8/1). Die verschiedenen Methoden zur Programmadaption werden im Methodenteil behandelt (vgl. Abschnitt 8.3.1.).

Kontrollfragen zu 8.2.1.

1) Aus welchen Gründen sind Dateikonvertierungen erforderlich?
2) Man beschreibe mit eigenen Worten den Prozeß der Dateikonvertierung.
3) Für welche Aktivität der Feinprojektierung sollten Ergebnisse der Dateikonvertierung vorliegen?
4) Was bedeutet „Programmadaption", zu welchem Entscheidungsproblem der Feinprojektierung besteht Analogie?
5) Welches sind die generellen Konsequenzen der Programmadaption, welche Schlußfolgerung ergibt sich aus ihnen?

8.2.2. Organisatorische Vorbereitung

Zweiter Schritt der Implementierungsvorbereitung ist die organisatoriche Vorbereitung. Darunter sollen insbesondere folgende Planungsaktivitäten zusammengefaßt werden: Das Vervollständigen und Abschließen der Systemdokumentation, das Erarbeiten der Bediener- und Benutzeranweisungen und das Beschaffen der Organisationsmittel (z. B. Formulare, Datenträger).

Vervollständigen und Abschließen der Systemdokumentation

In Abschnitt 3.4.7. wurde gesagt: Das Dokumentieren begleitet den gesamten Planungsprozeß für ein Informationssystem. Zum Abschluß der Feinprojekte sollte nur noch eine Überarbeitung der Dokumentation vorgenommen werden. Durch diese Überarbeitung wird die Systemdokumentation vervollständigt und abgeschlossen.

Als Objekte der Dokumentation wurden in Abschnitt 3.4.7. genannt: Der *Planungsprozeß* selbst (also Aufträge, Besprechungsprotokolle usw.); hier empfiehlt sich eine Dokumentation in chronologischer Ordnung. Zweitens die *Ergebnisse* der Systemplanung, worauf anschließend ausführlicher eingegangen wird. Schließlich die aus den Planungsergebnissen abgeleiteten *Anweisungen*, die in einem eigenen Punkt dieses Abschnitts behandelt werden.

Zur Dokumentation der *Ergebnisse* der Systemplanung ist eine Zweiteilung in

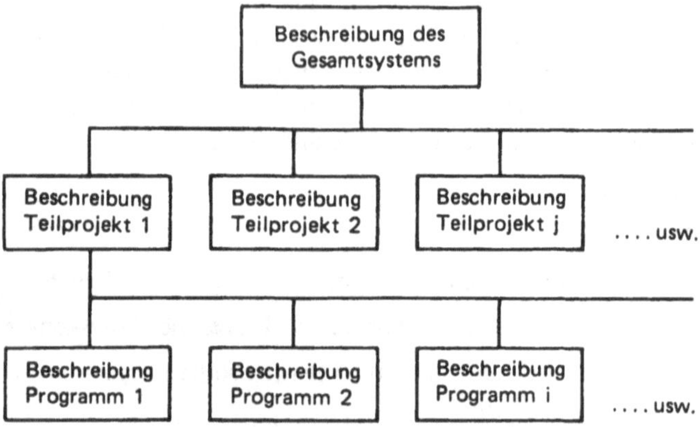

Abb. 8/1. Hierarchische Gliederung der Systemdokumentation

Beschreibung des Gesamtsystems

- Inhaltsverzeichnis
- Dokumentationsrichtlinien
- Umfang des Gesamtsystems und Zergliederung in Teilprojekte
- Verwendete Hardware und Systemsoftware
- Verwendete Nummernsysteme
- Struktur des Datenschutzsystems
- Struktur des Datensicherungssystems
- Dateien für das Gesamtsystem
- Systempflege
- Verzeichnisse (z. B. verwendete Abkürzungen, Begriffserläuterungen, an der Entwicklung, Benutzung und Pflege beteiligte Struktureinheiten und Personen)
- Systemänderungen

Beschreibung des Teilprojekts j

- Inhaltsverzeichnis
- Umfang des Teilprojekts und Stellung im Gesamtsystem
- Verwendete Hardware und Systemsoftware
- Dateien für das Teilprojekt
- Belege
- Eingabe- und Ausgabedatenträger
- Verarbeitungs-Zeitplanung
- Anlagen (z. B. Layouts der Belege und Datenträger, ausgefüllte Belegbeispiele)
- Projektänderungen

Tafel 8/1. Gliederung der Projektdokumentation

- Inhaltsverzeichnis
- Überblick über die Programme des Teilprojekts
- Beschreibung Programm i
  + Allgemeine Programmdaten (z. B. Programmnummer, Programmierer, Programmzwecke, Freigabedatum)
  + Programmcharakteristik (z. B. Programmlaufzeit, Frequenz der Verwendung, verwendete Hardware und Systemsoftware, Verbindung zu anderen Programmen)
  + Beschreibung der Ausgabedateien
  + Beschreibung der Verarbeitungsregeln
  + Beschreibung der Eingabedateien
  + Liste des Quellenprogramms
  + Liste des Objektprogramms
  + Druckbeispiele Konsole (Aufzeichnung der programmierten Operatorhinweise)
  + programmspezifische Datenschutz- und Datensicherungsmaßnahmen
  + Testmethoden und -hilfsmittel
  + Testdaten und Ergebnisse der Tests
  + Programmänderungen

Tafel 8/2. Gliederung der Programmdokumentation

„Projektdokumentation" und „Programmdokumentation" zweckmäßig. In der Projektdokumentation werden alle Planungsergebnisse abgelegt, die nicht die Erstellung der Anwendersoftware zum Gegenstand haben. Projekt- und Programmdokumentation sind eindeutig aufeinander zuzuordnen (z. B. durch ein Nummernsystem). Die hierarchische Gliederung dieses Teils der Systemdokumentation zeigt Abb. 8/1. (Bei großen Teilprojekten werden diese weiter in Untersysteme zergliedert, entwickelt und dokumentiert.)

Tafel 8/1 zeigt eine Gliederung der Projektdokumentation (Gesamtsystem und Teilprojekte), Tafel 8/2 eine Gliederung der Programmdokumentation.

Die Langfristigkeit und Kompliziertheit der Systemplanung und des Betriebs von Informationssystemen machen Änderungen der Planungsergebnisse unvermeidlich (vgl. auch Kapitel 10.). Diese Änderungen müssen in der Systemdokumentation nachgeführt werden. Deshalb wird in allen Teilen der Systemdokumentation ein Abschnitt vorgesehen, in dem sämtliche Änderungen auf Programm-, Teilprojekt- oder Gesamtsystemebene dokumentiert werden.

Erarbeiten der Bediener- und Benutzeranweisungen

Für alle am Systembetrieb beteiligten personellen Aktionsträger sind Bediener- bzw. Benutzeranweisungen zu erarbeiten. Typische Beispiele sind:

- Bedieneranweisungen für Datenerfassungsgeräte,
- Anweisungen für das Programmhandling am Computersystem,
- Benutzeranweisungen für das Ausfüllen von Belegen und für den Belegfluß,
- Benutzeranweisungen für das Auswerten von Ausgabelisten.

- Inhaltsverzeichnis
- Überblick über die Datenverarbeitungsaufgabe Finanzbuchhaltung und ihre Stellung im Teilprojekt
- Arbeitsgrundlagen
  - + verwendeter Kontenplan (Nummernsystem)
  - + Beleggestaltung
- Datenerfassung
  - + Erfassung der Stamm- und Bestandsdaten
  - + Erfassung der Primärdaten
    - o Belege für die Datenerfassung
    - o Bedienungsbeispiele für Datenerfassungsgeräte
    - o Fehlerprotokolle und Fehlerkorrekturen
- Listen
  - + Gestaltung der Monatsabschlüsse
  - + Gestaltung der Jahresabschlüsse
  - + Sonstige Auswertungen zur Finanzbuchhaltung (z. B. Kennzahlensystem)

Tafel 8/3. Gliederung einer Benutzeranweisung (Beispiel Finanzbuchhaltung)

Tafel 8/3 zeigt am Beispiel der Datenverarbeitungsaufgabe Finanzbuchhaltung die inhaltliche Gliederung einer Benutzeranweisung. Eine Bedieneranweisung für Datenerfassungsgeräte wird im Demonstrationsteil am Schluß dieses Kapitels gezeigt (Beispiel 8/2).

Beschaffung der Organisationsmittel

Eine weitere Planungsaktivität der organisatorischen Implementierungsvorbereitung besteht darin, alle auf Grund der Feinprojektierung erforderlichen Organisationsmittel zu beschaffen. Dazu gehören insbesondere die Formulare (z. B. Buchungsbeleg, Faktura) und die Datenträger. Da es sich hierbei um keine spezielle Aktivität der Systemplanung handelt, soll nicht weiter darauf eingegangen werden.

Kontrollfragen zu 8.2.2.

1) Eine Aktivität der organisatorischen Vorbereitung ist das Vervollständigen und Abschließen der Systemdokumentation; welches sind die „Objekte" der Dokumentation.
2) Man erläutere unter Zuhilfenahme der Kenntnisse aus Abschnitt 3.4.7. die „Aufgaben" der Dokumentation.
3) Man gebe durch „Überschriften" den wesentlichen Inhalt der Projektdokumentation an.

4) Warum wird in allen Dokumentationsteilen ein Abschnitt „Änderungen" vorgesehen?

5) Man nenne Beispiele für Bediener- und Benutzeranweisungen.

8.2.3. Personelle Vorbereitung

Computergestützte Informationssysteme sind Mensch-Maschine-Systeme. Auf die sich daraus ergebende Notwendigkeit des engen Einbezugs der Benutzer (der personellen Aktionsträger im betrieblichen Aufgabensystem) in die Systemplanung wurde in den vorangegangenen Kapiteln mehrfach hingewiesen. Dieser Einbezug der Benutzer ist aber nur dann erfolgreich, wenn sie einen Qualifizierungsstand haben, der ihre sachgerechte Mitwirkung möglich macht. Dieser ist häufig nicht vorhanden. Es gehört damit zu den Aufgaben der Systemplanung, Qualifizierungsmaßnahmen vorzubereiten und durchzuführen. Dadurch werden die Implementierung selbst sowie der spätere Systembetrieb wesentlich erleichtert.

Personalschulung

Durch die Neugestaltung des Informationssystems verändern sich einzelne Aufgaben der personellen Aktionsträger; manche Aufgaben entfallen (z. B. das manuelle Führen von Lagerkarteien), andere Aufgaben entstehen neu (z. B. Programmieren, Bedienen von Geräten). Für alle betroffenen Aufgaben sind Qualifizierungs- und Schulungsmaßnahmen erforderlich. Dabei muß sichergestellt werden, daß jeder Mitarbeiter die Zusammenhänge soweit wie notwendig übersieht, um die für sein Aufgabengebiet notwendigen Konsequenzen selbst zu erkennen und die Zweckmäßigkeit der Veränderungen begreifen zu können.

Personalbeschaffung

Im allgemeinen (vor allem bei größeren Informationssystemen und dem erstmaligen Einsatz eines Computersystems) hat man auch folgende Aufgabe der personellen Vorbereitung: Es entstehen Arbeitsplätze, die eine Qualifikation voraussetzen, die durch Schulung eigener Mitarbeiter nicht erreicht werden kann. Man muß dann zusätzlich Personal beschaffen. Typische Beispiele sind etwa Arbeitsplätze für Systemplaner und Anwendungsprogrammierer.

Durchführung der Personalschulung und Personalbeschaffung

Qualifizierung des Personals durch Schulung ist ein kontinuierlicher, über die Zeit der gesamten Systemplanung laufender Prozeß. Dies ergibt sich daraus, daß die Mitwirkung der personellen Aktionsträger im betrieblichen Aufgabensystem bei der Systemplanung schon sehr früh einsetzt. (Man denke z. B. an die notwendigen Leitungsentscheidungen bei der Verfahrensauswahl, Abschnitt 4.3.2., an das Analysieren des Istzustandes, Abschnitt 5.2.2. oder an das Bestimmen der Benutzeranforderungen in Abschnitt 6.2.2.). Weiter deshalb, weil man die Implementierung unnötig verzögern würde, wenn man erst nach Abschluß der Feinprojekte mit der Qualifizierung des Personals durch Schulung beginnen würde. Die Personalbeschaffung muß dann abgeschlossen sein, wenn die betreffenden Aufgaben planmäßig in Angriff genommen werden sollen (z. B. das Beschaffen der Anwendungsprogrammierer zum Zeitpunkt des Entwickelns des Datenverarbeitungssystems).

Schulungsprogramm

Beim Festlegen der Schulungsprogramme ist einerseits auszugehen vom gegenwärtigen Qualifizierungsstand des Personals und andererseits von den Anforderungen der zukünftigen Aufgaben. Man kann die Schulung in zwei Komplexe zerlegen:

– In die *Grundschulung*, deren Lehrziel wie folgt umschrieben werden kann: Die Mitarbeiter kennen die Grundzüge der Planung eines computergestützten Informationssystems und seiner elementaren Sachmittel (z. B. die Funktionsweise eines Computersystems).
– In die *Aufgabenschulung*, deren Lehrziel wie folgt umschrieben werden kann: Die Mitarbeiter können die ihnen im zu implementierenden Informationssystem übertragenen Aufgaben einschließlich der Aufgaben im Implementierungsprozeß selbst erfüllen.

Die Aufgabenschulung für die Benutzer sollte durch ein direktes Training an typischen Beispielen erfolgen. Dabei müssen auch Übergangszustände, wie sie sich z. B. bei der Parallelumstellung (vgl. Abschnitt 9.3.2.) ergeben, festgelegt und geübt werden. Die Schulungen für die Umstellung dürfen nicht zu früh erfolgen, da sonst die vermittelten Fähigkeiten wieder in Vergessenheit geraten oder durch Veränderungen an den Teilprojekten wertlos werden.

Kontrollfragen zu 8.2.3.

1) Man nenne Gründe für die Notwendigkeit der Qualifizierung der Mitarbeiter durch Schulung.
2) Man nenne Beispiele für neue Aufgaben (Arbeitsplätze), die mit der Implementierung computergestützter Informationssysteme entstehen.
3) Man nenne Beispiele für Aufgaben (Arbeitsplätze), die mit der Implementierung computergestützter Informationssysteme wegfallen.

4) Wie sind Personalschulung und Personalbeschaffung in den Systemplanungsprozeß zeitlich einzuordnen?

5) In welche beiden Komplexe kann die Personalschulung gegliedert werden, welches sind ihre Lehrziele?

8.2.4. Strukturelle Vorbereitung

Als vierter Schritt der Implementierungsvorbereitung wird die strukturelle Vorbereitung betrachtet. Strukturelle Vorbereitung heißt: Bilden neuer, Auflösen vorhandener und Verändern bestehender Struktureinheiten (Abteilungen und Stellen) im betrieblichen Aufgabensystem.

Da das Auflösen und Verändern bestehender Struktureinheiten durch die Implementierung eines computergestützten Informationssystems sehr vom konkreten Systemplanungsprozeß abhängig ist, soll hier als typisches Beispiel der strukturellen Vorbereitung (Bilden neuer Struktureinheiten) die Organisation der *Datenverarbeitungsabteilung* behandelt werden. Aus dem umfangreichen Komplex der Gestaltungstatbestände sollen näher betrachtet werden:

- Das Bestimmen des Zuständigkeitsbereichs der Datenverarbeitungsabteilung,
- das Bestimmen der Einordnung der Datenverarbeitungsabteilung in die Unternehmensorganisation,
- das Bestimmen der Strukturorganisation innerhalb der Datenverarbeitungsabteilung und
- das Bestimmen der Ablauforganisation innerhalb der Datenverarbeitungsabteilung.

Zuständigkeitsbereich der Datenverarbeitungsabteilung

Bestimmen des Zuständigkeitsbereichs der Datenverarbeitungsabteilung heißt in erster Linie: Entscheiden über die Zentralisierung bzw. die Dezentralisierung der für die Abwicklung der Datenverarbeitungsaufgaben erforderlichen Sachaufgaben. Informationssysteme sind heute durch starke Zentralisierung gekennzeichnet: Man gliedert aus den Arbeitsplätzen des betrieblichen Aufgabensystems die Datenverarbeitungsaufgaben und damit die mit der Implementierung und der Abwicklung dieser Datenverarbeitungsaufgaben verbundenen Sachaufgaben aus. Typische Beispiele sind:

- Ausgliedern wesentlicher Sachaufgaben der Datenerfassung und Zentralisierung in einer besonderen Struktureinheit („Zentrale Datenerfassung").
- Ausgliedern wesentlicher Sachaufgaben der Datenausgabe und Zentralisierung in einer besonderen Struktureinheit („Verteilung von Listen").

Bestimmen des Zuständigkeitsbereichs der Datenverarbeitungsabteilung heißt in zweiter Linie: Zuordnen der zentralisierten Sachaufgaben auf eine oder auf mehrere Struktureinheiten. Die konkrete Fragestellung lautet meist: Soll man getrennte Struktureinheiten für „Datenverarbeitung" und für „Organisation" oder soll man eine gemeinsame Struktureinheit „Datenverarbeitung und Organisation" bilden?

Zugunsten einer gemeinsamen Struktureinheit sprechen die engen Verflechtungen und die gegenseitigen Abhängigkeiten zwischen den Aufgaben der „Datenverarbeitung" und der „Organisation". Eine klare Abgrenzung der Verantwortungen und Kompetenzen ist kaum möglich. Nachteil einer gemeinsamen Struktureinheit ist die mangelnde Kontrolle, die bei getrennten Struktureinheiten gegenseitig ausgeübt werden kann. Diese Kontrolle kann aber mit Hilfe anderer organisatorischer Regelungen erreicht werden (z. B. Revisionsabteilung). Die Vorteile einer gemeinsamen Struktureinheit „Organisation und Datenverarbeitung", also einer sogenannten Datenverarbeitungsabteilung, überwiegen.

Einordnen der Datenverarbeitungsabteilung

Einordnen der Datenverarbeitungsabteilung in die Unternehmensorganisation heißt Wahl zwischen folgenden Alternativen:

- Einordnen der Datenverarbeitungsabteilung unter eine Fachabteilung (z. B. Rechnungswesen) oder
- Einordnen der Datenverarbeitungsabteilung als selbständige Fachabteilung, entweder
  - o in Form einer Stabsabteilung der Unternehmensleitung oder
  - o in Form einer Fachabteilung im Instanzenzug.

Die erste, in der Praxis häufig anzutreffende Lösung läßt sich aus der Tatsache erklären, daß die Initiative zur Computeranwendung früher meist von einer

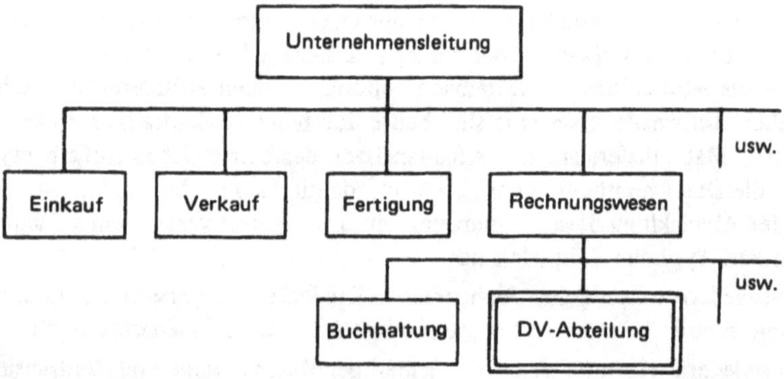

Abb. 8/2. Einordnen der Datenverarbeitungsabteilung unter eine Fachabteilung

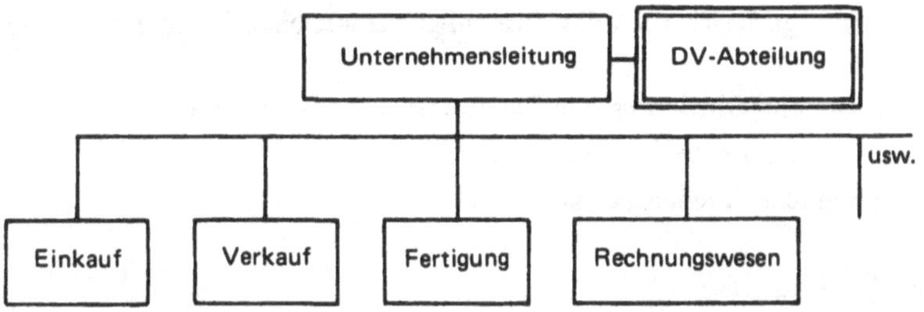

Abb. 8/3. Einordnen der Datenverarbeitungsabteilung als Stabsabteilung der Unternehmensleitung

einzelnen Fachabteilung (sehr häufig: Rechnungswesen) ausging, nicht jedoch von der Unternehmensleitung. Abb. 8/2 zeigt ein Beispiel für diese Lösung. Sie ist unzweckmäßig, weil die Datenverarbeitungsabteilung eine Serviceabteilung für das Unternehmen als Ganzes ist. Dieser Aufgabe kann sie nicht gerecht werden, wenn sie (zumindest in strittigen Fällen) den Weisungen einer einzelnen Fachabteilung folgen muß. Die Datenverarbeitungsabteilung sollte daher als selbständige Abteilung geführt werden.

So wie das Planungsteam während der Systemplanung, ist die Datenverarbeitungsabteilung unmittelbar der Unternehmensleitung zu unterstellen. Abb. 8/3 zeigt als Beispiel die Datenverarbeitungsabteilung in der Form einer Stabsabteilung. Diese Lösung ist deshalb nicht zweckmäßig, weil es sich bei der Datenverarbeitungsabteilung nicht um die typische Stabsabteilung mit vornehmlich beratenden und empfehlenden Funktionen handelt. Vielmehr hat sie als Serviceabteilung für das gesamte Unternehmen Dienstleistungen zu vollbringen. Sie sollte daher in Form einer Fachabteilung im Instanzenzug eingeordnet werden. Dafür zeigt Abb. 8/4 ein Beispiel.

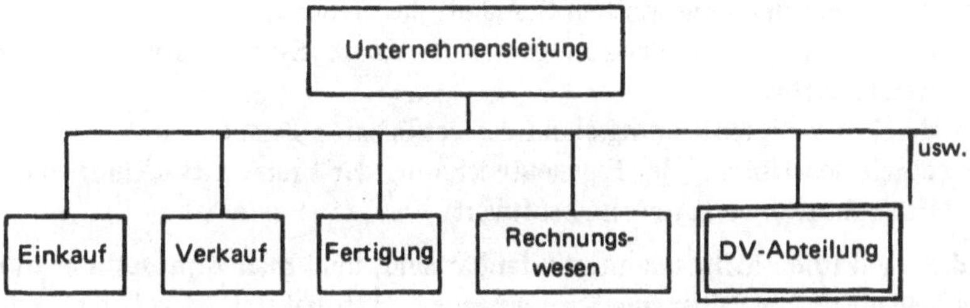

Abb. 8/4. Einordnen der Datenverarbeitungsabteilung als Fachabteilung im Instanzenzug

Strukturorganisation der Datenverarbeitungsabteilung

Beim Entwickeln der Strukturorganisation der Datenverarbeitungsabteilung ist von den Aufgaben auszugehen, die der Datenverarbeitungsabteilung zugeordnet wurden (vgl. Bestimmen des Zuständigkeitsbereichs). Im folgenden sollen betrachtet werden:

- Die personelle Gliederung der Datenverarbeitungsabteilung,
- ihre organisatorische Gliederung und
- ihre räumliche Gliederung (ihr Layout).

Personelle Gliederung

Bezüglich der personellen Gliederung kann wie folgt vorgegangen werden (stichwortartig wird auf Determinanten des Personalbedarfs und auf die Aufgaben eingegangen):

- Personal zur *Datenerfassung* (bei zentraler Datenerfassung); der Personalbedarf kann in Abhängigkeit vom Gerätebedarf abgeschätzt werden. Aufgabe dieser Mitarbeitergruppe ist das Transformieren von Daten aus Belegen auf maschinell verarbeitbare Datenzwischenträger (z. B. Magnetband, Lochkarte, Lochstreifen).
- Personal zur *Bedienung* des Computersystems; der Personalbedarf wird durch die Konfiguration des installierten Computersystems und die Anzahl der gefahrenen Schichten bestimmt. Zu den Aufgaben dieser Mitarbeitergruppe gehören vorbereitende Tätigkeiten (z. B. Lesen der Bedienungsanweisung für einen Job, Rüsten des Computersystems), Tätigkeiten während der Verarbeitung (z. B. Beobachten des Arbeitsablaufs, Eingreifen bei Fehlern) und Tätigkeiten nach der Verarbeitung (z. B. Versetzen aller Geräte in den Ausgangszustand, Führen des Logbuchs).
- Personal zur *Systemplanung;* der Personalbedarf wird durch folgende Faktoren bestimmt:
  - Durch Anzahl, Umfang und Komplexität der Datenverarbeitungsaufgaben,
  - durch den organisatorischen Standard des Betriebes,
  - durch den Komfort der verfügbaren Hardware, Systemsoftware und Anwendersoftware,
  - durch den Qualifizierungsstand des verfügbaren Personals und
  - durch den Umfang der Eigenentwicklung, der Fremdentwicklung und des Fremdbezugs von Anwendersoftware.

Da diese Faktoren nicht quantitativ faßbar sind, muß man zum Bestimmen des Personalbedarfs von Hilfsmaßstäben ausgehen. Hilfsmaßstab ist z. B. die „Leistungsfähigkeit" des Computersystems (vgl. Abschnitt 6.3.5.), die wiederum durch den Hilfsmaßstab der „Mietkosten" ersetzt wird. Über die Relation „Mietkosten zu Personalbedarf" existieren brauchbare Aussagen aus verschiedenen empirischen Untersuchungen. Sie können als Richtwerte für die Abschätzung des Personalbedarfs dienen, die soweit wie möglich anhand der oben aufgeführten Faktoren an die betriebsindividuellen Bedingungen anzupassen sind.

(Diese beziehen sich ausschließlich auf zentral organisierte Informationssysteme und haben keine Gültigkeit für dezentrale Organisationsformen, etwa „Computer am Arbeitsplatz".)

- *Management;* es sollte möglichst eine Identität zwischen dem Leiter der Systemplanungsgruppe mit seinen wichtigsten Mitarbeitern und dem Leiter der Datenverarbeitungsabteilung mit seinen wichtigsten Mitarbeitern hergestellt werden, da eine Ablösung dieser verantwortlichen Mitarbeiter mit dem Ziel eines reibungslosen Betriebs des Informationssystems nicht vereinbar ist.
- *Hilfspersonal;* je nach Größe der Datenverarbeitungsabteilung, des verwendeten Computersystems und der in der Datenverarbeitungsabteilung konzentrierten Aufgaben ist der Bedarf an Hilfspersonal für Datenerfassung, Maschinenbedienung und Systemplanung festzulegen (z. B. Materiallager, Bandarchiv, Wartungsdienst).

Organisatorische Gliederung

Erfahrungsgemäß ist es zweckmäßig, mittlere bis große Datenverarbeitungsabteilungen mindestens zweistufig hierarchisch zu zergliedern, nämlich zunächst in die Untersysteme

- Organisation,
- Programmierung und
- Rechenzentrum.

Eine schon recht weitgehende weitere Zergliederung des Untersystems *Rechenzentrum* ist beispielsweise folgende:

o Fertigungsvorbereitung,
o Datenerfassung,
o Datenverarbeitung,
o Fertigungskontrolle,
o Archiv und Material,
o Versand,
o Wartungsdienst.

Abb. 8/5 zeigt ein Beispiel für die organisatorische Gliederung einer Datenverarbeitungsabteilung.

Räumliche Gliederung

Bezüglich der räumlichen Gliederung (des Layouts) steht die Sicherung eines optimalen Arbeits- und Materialflusses im Vordergrund der Gestaltungsziele. Erfahrungsgemäß ist folgendes Layout zweckmäßig:

- Die Stelle Datenverarbeitung (der „Maschinenraum") wird im räumlichen Mittelpunkt angeordnet.

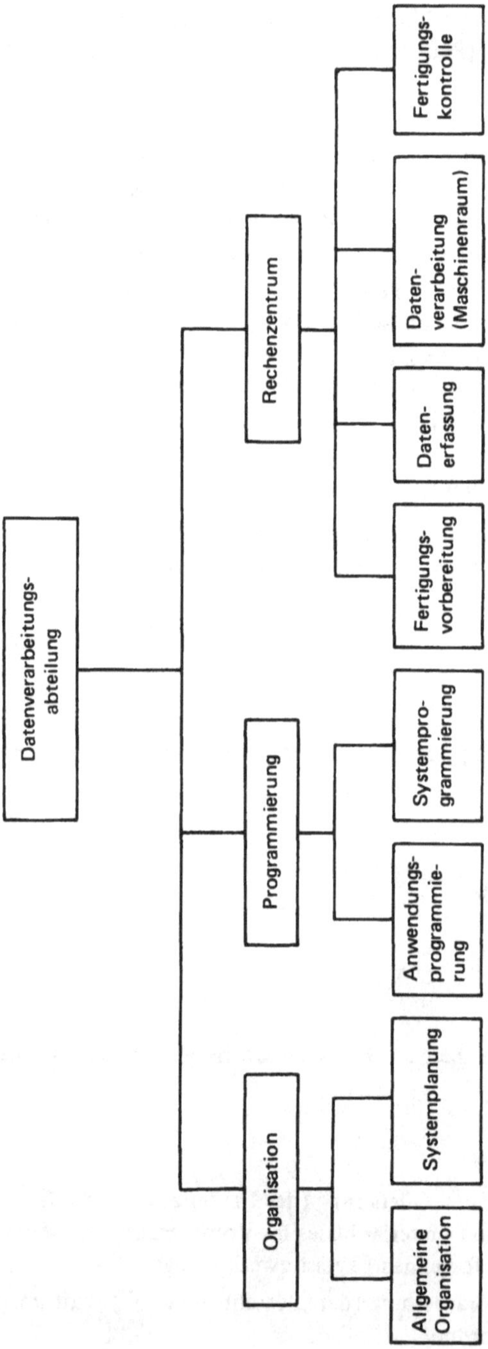

Abb. 8/5. Organisatorische Gliederung einer Datenverarbeitungsabteilung

- Räume für den Leiter des Rechenzentrums, die Bediener, die Wartungstechniker, für Hilfsmaschinen und Klimaanlage, für Archiv und Materiallager werden in der ersten Peripherie des Maschinenraums angeordnet.
- Räume für den Leiter der Datenverarbeitungsabteilung, die Systemplaner, die Programmierer, die Fertigungsvorbereitung und die Fertigungskontrolle, den Versand und die Datenerfassung werden in der zweiten Peripherie des Maschinenraums angeordnet.

Möglichkeiten zur räumlichen Gliederung werden praktisch meist dadurch eingeschränkt, daß vorhandene Räume adaptiert werden müssen. Liegen derartige Restriktionen nicht vor, dann können zur Standort- und Layoutplanung der Datenverarbeitungsabteilung spezielle Entscheidungsmodelle eingesetzt werden (vgl. Abschnitt 8.3.3.). Am Schluß dieses Kapitels werden dazu auch Demonstrationsbeispiele gegeben (vgl. die Beispiele 8/3 und 8/4).

Ablauforganisation in der Datenverarbeitungsabteilung

Es soll das Bestimmen der Ablauforganisation im *Rechenzentrum* einer Datenverarbeitungsabteilung etwas näher betrachtet werden. Dabei wird von der in Abb. 8/5 gezeigten Stellengliederung des Rechenzentrums mit Fertigungsvorbereitung, Fertigung (Datenerfassung und Datenverarbeitung) und Fertigungskontrolle ausgegangen.

Die einzelnen Verrichtungsstellen sind für jeden Auftrag so im Zeitablauf anzuordnen, daß ihr Zusammenwirken untereinander einen optimalen oder befriedigenden Arbeitsablauf unter einer oder mehreren Zielgrößen gewährleistet. Die Gestaltung der Arbeitsabläufe ist Aufgabe der Fertigungsvorbereitung. Für ein neu entwickeltes und zu implementierendes Informationssystem sind die Arbeitsabläufe für sämtliche Aufträge vom Systemplanungsteam zu gestalten; neue Aufträge oder geänderte Aufträge nach der Systemimplementierung sind später von der eingerichteten Fertigungsvorbereitung zu gestalten. Die erforderlichen Gestaltungshilfsmittel (wie z. B. Termintafeln, Formulare, generelle, also auftragsunabhängige Bedienungsanleitungen) sind vom Systemplaner beizustellen.

Im Prozeß der Fertigungsvorbereitung sind folgende Phasen zu unterscheiden:

- Die Planung des *Fertigungsprogramms*. Das Fertigungsprogramm bezieht sich auf einen bestimmten Zeitabschnitt (z. B. Monat) und enthält alle abzuarbeitenden Aufträge nach Art, Menge, anzuwendenden Verfahren, einzusetzenden Produktionsfaktoren, Fertigstellungsterminen und -orten.
- Die *Bedarfs- und Bereitstellungsplanung*, insbesondere Personalplanung, Betriebsmittelplanung und Planung der Werkstoffe. (Letztere spielen in Informationssystemen eine untergeordnete Rolle.)

– Die *Fertigungsablaufplanung* mit den Schritten
  - Feststellen der logischen Bearbeitungsfolge der Aufträge (Arbeitsgangfolge),
  - Zuordnen der Arbeitsgänge auf die Arbeitsplätze (Verrichtungsstellen) und
  - Feststellen der optimalen Ablauffolge der Belegung der Verrichtungsstellen durch die Aufträge (Belegungsplanung).

Ein Demonstrationsbeispiel zur Ablauforganisation im Rechenzentrum wird am Schluß dieses Kapitels gezeigt (Beispiel 8/5). Methodische Hinweise zur Belegungsplanung werden in Abschnitt 8.3.4. gegeben.

Kontrollfragen zu 8.2.4.

1) Welche beiden Aspekte zum „Zuständigkeitsbereich" der Datenverarbeitungsabteilung wurden unterschieden?
2) Welche alternativen Einordnungsmöglichkeiten der Datenverarbeitungsabteilung in die Unternehmensorganisation gibt es? Man wäge diese Alternativen gegeneinander ab.
3) Man erläutere die „personelle Gliederung" der Datenverarbeitungsabteilung.
4) Man gebe in Form eines Graph eine typische „organisatorische Gliederung" der Datenverarbeitungsabteilung an.
5) Welche Phasen im „Prozeß der Fertigungsvorbereitung" im Rechenzentrum wurden unterschieden?

8.2.5. Gerätetechnische Vorbereitungen

Als fünfter Planungsschritt der Implementierungsvorbereitung wird die gerätetechnische Vorbereitung betrachtet, also die Installation der Computersysteme einschließlich ihrer peripheren Geräte, der Geräte zur Datenerfassung und sonstiger gerätetechnischer Hilfsmittel; in die gerätetechnische Vorbereitung wird auch die Vorbereitung der zur Geräteinstallation erforderlichen Räume einbezogen. Als Ergebnis dieses Planungsschrittes hat man die Verfügbarkeit der kompletten Hardware und Systemsoftware für den Test des Informationssystems, für die programmtechnische und die personelle Vorbereitung und schließlich für die Implementierung selbst.

Die Aktivitäten zur gerätetechnischen Vorbereitung verlagern sich in Abhängigkeit von der grundsätzlichen Gestaltungsphilosophie eines Informationssystems. Bei zentral organisierten Informationssystemen mit in der Regel größeren Computersystemen liegt der Schwerpunkt der Planungsaktivitäten auf der Vorbereitung der Räume für das Rechenzentrum und der Installation des Computersystems in diesen Räumen. Bei dezentral organisierten Informationssystemen (Computer am Arbeitsplatz) treten Planungsaktivitäten in den Vordergrund, welche die Gestaltung der Arbeitsplätze zum Gegenstand haben, denen Computersysteme physisch oder teilphysisch zugeordnet sind (vgl. dazu weiter unten).

Vorbereitung bei zentraler Organisation

Das Vorbereiten der *Räume* für die Installation des Computersystems umfaßt vor allem folgende Aktivitäten: Bestimmen des quantitativen Raumbedarfs, der elektrischen Anschlüsse, der Beleuchtung, der Bodenbelastbarkeit, der Klimatisierung, der Notwendigkeit von abgehängten Decken, von Doppelböden usw. und die Realisierung dieser Anforderungen. Diese Aktivitäten können bereits nach Abschluß des Planungsschrittes „Bestimmen der einzusetzenden Gerätetechnik" (vgl. Abschnitt 6.2.4.) einsetzen. Hierzu werden vom Gerätehersteller spezifizierte Anforderungen vorgelegt, so daß im allgemeinen eine spezielle Systemstudie durch die Planungsgruppe nicht erforderlich ist.

Die bei größeren Computersystemen unabdingbare Klimatisierung soll etwas näher betrachtet werden. Klimatisierung umfaßt Regelung der Temperatur, der Feuchtigkeit und des Staubgehalts der Luft. Empfehlenswert ist es, die Klimatisierung über den Maschinenraum hinaus auf die Archivräume für maschinell verarbeitbare Datenträger (z. B. Magnetbänder, Magnetplatten, vor allem nicht-magnetische Datenträger wie Lochkarten) auszudehnen, um für Lagerung und Verarbeitung gleiche klimatische Bedingungen zu schaffen. Aus Sicherheitsgründen wird man zwei voneinander unabhängig arbeitende Klimaanlagen ein setzen, die beide alternativ die Klimatisierung des Maschinenraums übernehmen können.

Abgehängte Decken und Doppelböden haben folgende Funktionen: Sie nehmen die Maschinenabluft- bzw. die Maschinenzuluftkanäle auf; in der abgehängten Decke befinden sich außerdem die Raumzuluftkanäle, im Doppelboden die Verkabelung zwischen den einzelnen Gerätekomponenten des Computersystems und mit der Energieversorgung.

Vorbereitung bei dezentraler Organisation

Bei dezentraler Organisationsform hat man bei größeren computergestützten Informationssystemen in der Regel einen mehrstufigen Computerverbund (on-line oder off-line). Abb. 8/6 zeigt einen dreistufigen Aufbau mit einem Zentralrechner, zwei Vorfeldrechnern und mehreren Arbeitsplätzen, denen die benutzerorientierte Peripherie der Vorfeldrechner (z. B. Tastatur, Bildschirm, Drucker) zugeordnet ist. Neben dieser teilphysischen Zuordnung des

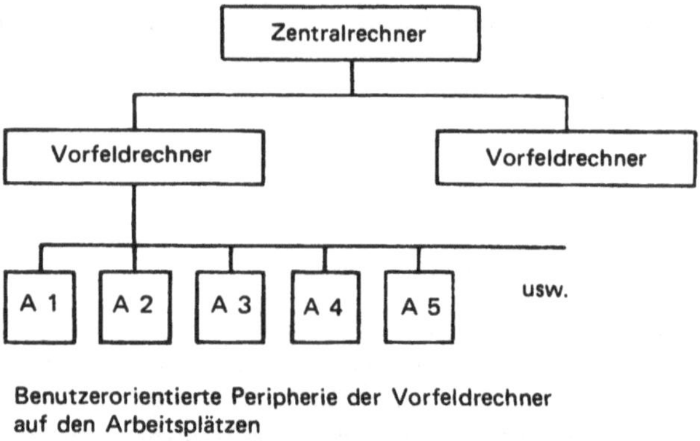

Abb. 8/6. Hierarchische Strukturierung eines Computersystems

Computersystems auf die Arbeitsplätze gibt es Organisationsformen, bei denen einzelnen Arbeitsplätzen stand-alone-fähige Kleincomputersysteme physisch zugeordnet sind.

Die mit der gerätetechnischen Vorbereitung verbundenen Gestaltungsentscheidungen werden hierbei ergänzt um Entscheidungen zur Gestaltung der Arbeitsplätze, denen die benutzerorientierte Peripherie oder stand-alone-fähige Kleincomputersysteme zugeordnet werden. Dabei spielen weniger Raumanforderungen (z. B. quantitativer Raumbedarf, Klimatisierung) eine Rolle als vielmehr ergonomische Gesichtspunkte (z. B. griffgünstige Anordnung).

Geräteaufstellung und Gerätetest

Unabhängig von der Organisationsform sind zur gerätetechnischen Vorbereitung das Aufstellen und das Testen der Geräte zu rechnen.

Das *Aufstellen* der Geräte erfolgt normalerweise durch das Personal des Geräteherstellers. Das Personal des Rechenzentrums sollte bei der Aufstellung mitwirken, um sicherzustellen, daß die Aufstellung im Sinne der Planung korrekt erfolgt. Daneben ermöglicht diese Zusammenarbeit mit den Mitarbeitern des Herstellers ein schnelles Vertrautsein mit den installierten Geräten.

Das *Testen* der Hardware und Systemsoftware wird von den Mitarbeitern des Herstellers in Zusammenarbeit mit den Mitarbeitern des Rechenzentrums durchgeführt. Ziel dieser Tests ist es festzustellen, daß die Geräte komplett installiert sind und einwandfrei arbeiten. Gewöhnlich umfassen diese Tests das Abarbeiten bestimmter Testroutinen, die vom Hersteller beigestellt werden. Datenübertragungseinrichtungen müssen in den Test einbezogen werden. Das gleiche gilt für sämtliche Datenerfassungsgeräte. Bei on-line benutzten Datenerfassungsgeräten erfordert dies oft die Zusammenarbeit und Abstimmung zwischen den Mitarbeitern verschiedener Herstellerfirmen. Alle durchgeführten Tests sollten unmittelbar vom Planungsteam überprüft werden, um sicherzustellen, daß sie umfassend genug angesetzt wurden und korrekt abgelaufen sind.

Schließlich sollte das Personal des Rechenzentrums in Zusammenarbeit mit dem Planungsteam und den Mitarbeitern der Hersteller die eigene Anwendersoftware testen, um zu prüfen, ob es mit den installierten Geräten ausreichend vertraut ist und diese ohne Herstellerhilfe fahren kann.

Kontrollfragen zu 8.2.5.

1) Man erläutere den Unterschied der Gestaltungsentscheidungen zur gerätetechnischen Vorbereitung zwischen zentral und dezentral organisierten Informationssystemen.
2) Welche Funktionen haben abgehängte Decken und Doppelböden?
3) Was wird unter teilphysischer, was unter physischer Zuordnung des Computersystems auf Arbeitsplätze verstanden?
4) Man nenne Beispiele für „benutzerorientierte Peripherie".
5) Was heißt „Testen der Hardware und Systemsoftware"?

8.2.6. Ausarbeiten der Implementierungspläne

Als letzter Schritt der Implementierungsvorbereitung wird das Ausarbeiten der Umstellungspläne, also der Pläne für die Implementierung des Informationssystems, betrachtet. Diese Umstellungspläne bilden den Kern des Abschlußberichts zur Feinprojektierung und zur Implementierungsvorbereitung. Auf Grund

Struktur	Inhalt
Einleitung	Kurze Beschreibung des Gesamtsystems und der einzelnen Teilprojekte
Arbeitsergebnisse	Für jedes abgeschlossene Teilprojekt sind folgende Arbeitsergebnisse nachzuweisen: Vollständigkeit der Systemdokumentation, Ergebnisse der letzten Tests und deren Beurteilung durch die Leiter der betroffenen Struktureinheiten, durchgeführte Maßnahmen zur programmtechnischen, organisatorischen, personellen, strukturellen und gerätetechnischen Vorbereitung
Implementierungspläne	Rahmenplan für das Gesamtsystem und Detailpläne für jedes Teilprojekt vor allem bezüglich Termine und Methoden der Implementierung

Tafel 8/4. Struktur und Inhalt des Abschlußberichts zur Feinprojektierung und zur Implementierungsvorbereitung

dieses Berichts an die zuständigen Leitungsinstanzen werden die Projektierungsergebnisse einschließlich der Implementierungspläne bestätigt, und das Informationssystem wird zur Implementierung freigegeben. Tafel 8/4 zeigt die Struktur und den Inhalt des Abschlußberichts zur Feinprojektierung und zur Implementierungsvorbereitung.

Wesentlicher Inhalt der Implementierungspläne sind die Termine der Implementierung der einzelnen Teilprojekte (bzw. bei weiterer Zergliederung ihrer Untersysteme) und die einzusetzenden Implementierungsmethoden; die Auswahl der anzuwendenden Implementierungsmethoden ist zu begründen (vgl. dazu Abschnitt 9.3.).

Eine Entscheidung über die vorgelegten Implementierungspläne sollte seitens der zuständigen Leitungsinstanzen zügig erfolgen. Änderungen der Pläne sollten grundsätzlich nur nach Abstimmung mit der Systemplanungsgruppe vorgenommen werden. Eine ausdrückliche Bestätigung der Implementierungspläne durch die Leitungsinstanzen ist notwendig, da die Implementierung erhebliche Störungen im Betriebsablauf hervorrufen kann, welche vom Systemplanungsteam allein nicht verantwortet werden können.

Kontrollfragen zu 8.2.6.

1) Welche Funktion hat der Abschlußbericht zur Feinprojektierung und zur Implementierungsvorbereitung?
2) Man gebe die Struktur des Abschlußberichts zur Feinprojektierung und zur Implementierungsvorbereitung an.
3) Was ist der wesentliche Inhalt des Abschlußberichts?
4) Warum sollten die Ergebnisse der letzten Tests durch die Leiter der betroffenen Strukturabteilungen bestätigt sein?
5) Warum bedürfen die Implementierungspläne der ausdrücklichen Bestätigung durch die zuständigen Leitungsinstanzen?

8.3. Methoden zur Implementierungsvorbereitung

In diesem Kapitel werden einige stufenspezifische Methoden zur Implementierungsvorbereitung behandelt. Durch Anwenden dieser Methoden kann die Implementierungsvorbereitung unterstützt werden.

8.3.1. Methoden zur Dateikonvertierung

In Abschnitt 8.2.1. wurde das Konvertieren von Dateien als eine typische Aktivität der programmtechnischen Vorbereitung behandelt; dazu sollen methodische Hinweise gegeben werden.

Beim Konvertieren der Dateien für Stamm- und Bestandsdaten (vgl. Definitionen 6/4 und 6/2) hat man im allgemeinen folgendes Problem: Die konvertierten Dateien müssen zu einem bestimmten Zeitpunkt in einem verarbeitungsfähigen Zustand (z. B. für das Testen der Anwenderprogramme) zur Verfügung stehen; zum Implementierungszeitpunkt müssen sie den aktuellen Zustand der Stamm- und Bestandsdaten abbilden. Weiter: Der zeitliche Aufwand für die Dateikonvertierung ist zu groß, als daß man diese erst zum Zeitpunkt der Implementierung durchführen wird. Zwischen dem Zeitpunkt der Konvertierung und dem Zeitpunkt der Implementierung ändern sich die Stamm- und Bestandsdaten; die konvertierten Dateien müssen daher bis zum Zeitpunkt der Implementierung gepflegt werden.

Man kann folgende Vorgehensweisen zur Dateikonvertierung unterscheiden:

Permanente Dateikonvertierung

Stamm- und Bestandsdaten werden laufend – z. B. bei Entstehen der Datensätze – konvertiert. Man wird diese Methode vor allem dann anwenden, wenn die Dateien sich über der Zeit sehr stark verändern (z. B. Auftragsdatei bei kurzen Durchlaufzeiten der Aufträge). Man muß dann kurz vor dem Implementierungszeitpunkt die noch nicht erfaßten Datensätze nachziehen.

Dateikonvertierung zu einem Stichtag

Die gesamte Datei wird in einem Zug konvertiert. Eine Minimierung des Pflegeaufwandes ist bei Beachtung folgender Grundsätze möglich:

- Dateien, welche wenig Änderungen bis zur Implementierung erwarten lassen, sind zuerst zu konvertieren.
- Dateien mit zahlreichen zu erwartenden Änderungen sind zuletzt zu konvertieren.

Man legt damit eine optimale Reihenfolge der zu konvertierenden Dateien fest.

Kontrollfragen zu 8.3.1.

1) Man definiere mit eigenen Worten „Stammdaten" und „Bestandsdaten".

2) Warum sind die anderen Datenarten (z. B. Primärdaten) nicht Gegenstand des Konvertierens?

3) Man erläutere das Problem, vor dem man beim Konvertieren der Dateien für Stamm- und Bestandsdaten steht.

4) Was ist unter „permanenter Dateikonvertierung" zu verstehen?

5) Man erläutere die Methode „Dateikonvertierung zu einem Stichtag".

8.3.2. Methoden zur Programmadaption

In Abschnitt 8.2.1. wurde im Zusammenhang mit der programmtechnischen Vorbereitung auch auf das Adaptieren von Anwenderprogrammen verwiesen (bei Rekonfigurationen). Zum Adaptieren von Anwenderprogrammen gibt es verschiedene Hilfsmittel, deren Funktion so beschrieben werden kann: Sie erleichtern den Übergang von einem Computersystem (Hardware und Systemsoftware) auf ein anderes Computersystem (des gleichen oder eines anderen Herstellers). Sie werden hier in *Verträglichkeitseinrichtungen* und in *Umstellungseinrichtungen* gruppiert.

Verträglichkeitseinrichtungen

Verträglichkeitseinrichtungen gestatten es, Anwenderprogramme und Dateien unverändert von einem Computersystem auf ein anderes, unverträgliches Computersystem zu übernehmen. Im einzelnen können folgende methodische Hilfsmittel unterschieden werden:

Simulation

Ein Softwarepaket interpretiert jede einzelne Instruktion des Anwenderprogramms so, daß sie vom unverträglichen Computersystem ausgeführt werden kann. Die Ausführung der interpretierten Instruktion erfolgt unmittelbar; das Anwenderprogramm wird also nicht in ein Objektprogramm des unverträglichen Computersystems übertragen. Da jede Instruktion bei jedem Programmlauf erneut zu interpretieren ist, hat man wesentlich längere Programmlaufzeiten.

Hardware-Kompatibilität

Unter Hardware-Kompatibilität versteht man Hardwareeinrichtungen am unverträglichen Computersystem, durch die das Verhalten des Computersystems simuliert wird, für welches das Anwenderprogramm geschrieben wurde. Beispielsweise kann dadurch ein plattenorientiertes Computersystem ein kartenorientiertes Computersystem simulieren; die Leistungsfähigkeit des plattenorientierten Computersystems wird nicht ausgenutzt.

Emulation

Unter Emulation versteht man eine Kombination der beiden bisher genannten Hilfsmittel. Die zeitraubende Interpretation der einzelnen Instruktionen wird von hardwarenahen Einrichtungen (Mikroprogramm) erledigt, und die übrige Simulation (z. B. Ein-/Ausgabesteuerung) wird durch ein Emulationsprogramm übernommen. Man unterscheidet zwischen Einzelemulation und integrierter Emulation. Einzelemulation kann normalerweise nur einen Teil der in einem Computersystem verfügbaren Hardware ausnutzen; integrierte Emulation ermöglicht (im Grenzfall) die Ausnutzung aller vorhandenen Systemkomponenten.

Umstellungseinrichtungen

Im Unterschied zu den Verträglichkeitseinrichtungen verändern die Umstellungseinrichtungen das Anwenderprogramm.

Umstellungsprogramme

Umstellungsprogramme (auch: Konversionsprogramme) konvertieren aus dem Anwenderprogramm ein modifiziertes Objektprogramm, das mit dem neuen Computersystem verträglich ist. Man kann hier auf Umstellprogramme der Gerätehersteller zurückgreifen.

Umstellungshilfsprogramme

Umstellungshilfsprogramme (auch: Diagnoseprogramme) durchsuchen ein Anwenderprogramm auf Unverträglichkeiten; diese werden z. B. auf einer Liste ausgegeben. Die Beseitigung der Unverträglichkeiten erfolgt nicht durch das Umstellungshilfsprogramm, sondern manuell durch den Programmierer.

Umstellungsroutinen

Umstellungsroutinen sind verträgliche Programmteile (Unterprogramme) für häufig auftretende, unverträgliche Programmteile im Anwenderprogramm. Sie werden manuell vom Programmierer ausgetauscht.

Umstellungsmakros

Schließlich gibt es Umstellungsmakros, die zwar unter ihren im Anwenderprogramm verwendeten Namen aufgerufen werden, die aber die Generierung des Maschinencodes des unverträglichen Computersystems bewirken.

Außer den Umstellungsprogrammen sind die genannten Umstellungseinrichtungen im allgemeinen standardmäßig nicht verfügbar; sie müssen von Fall zu Fall speziell entwickelt werden. Konvertierte Programme sind wie die „originären" Programme zu testen, möglichst mit den gleichen bzw. mit angepaßten Daten.

Für alle Verträglichkeits- und Umstellungseinrichtungen gilt (wenn auch in unterschiedlichem Maße), daß der Speicherbedarf vergrößert und die Programmlaufzeit verlängert wird. (Man vgl. dazu auch das Demonstrationsbeispiel 8/1 am Schluß dieses Kapitels.)

Kontrollfragen zu 8.3.2.

1) Welche beiden Gruppen von Hilfsmitteln zur Programmadaption wurden unterschieden?
2) Man nenne durch „Überschriften" die einzelnen Hilfsmittel jeder der beiden Gruppen.
3) Worin besteht der grundsätzliche Unterschied zwischen den Hilfsmitteln beider Gruppen?
4) Bezüglich welcher Kriterien besteht ein nur gradueller Unterschied zwischen den Hilfsmitteln beider Gruppen?
5) Man nenne eine methodische Vorgehensweise zur Lösung des Entscheidungsproblems „Neuprogrammierung oder Programmadaption"?

8.3.3. Methoden zur Standort- und Layoutplanung

Im Zusammenhang mit der Planung computergestützter Informationssysteme hat man häufig folgende Entscheidungssituationen:

- Gegeben ist das Layout des Betriebes (also seine Zergliederung in Struktureinheiten und die räumliche Lage dieser Struktureinheiten); in dieses Layout soll die Datenverarbeitungsabteilung so eingefügt werden, daß ihr Standort unter bestimmten Zielgrößen optimal ist.
- Gegeben ist das Layout einer Struktureinheit (z. B. einer Fachabteilung, einer Werkstatt, eines Zweigbetriebes); in dieses Layout sollen Vorfeldrechner oder Datenerfassungsplätze so eingefügt werden, daß ihr Standort unter bestimmten Zielgrößen optimal ist.
- Für die Datenverarbeitungsabteilung selbst ist das Layout zu planen; es sollen also alle zur Aufgabendurchführung erforderlichen Arbeitsplätze so angeordnet werden, daß ihr Standort unter bestimmten Zielgrößen optimal ist.

Es liegt bei diesen Entscheidungssituationen eine analoge Problemstruktur wie bei der Layoutplanung von Fertigungsstätten vor. In den beiden ersten Fällen ist ein gegebenes Layout durch Einfügen neuer Arbeitsplätze zu verändern (Layoutänderungsplanung), im letzten Fall ist das Layout erst zu entwerfen (Layoutplanung).

Zur richtigen Einschätzung der nachfolgend dargestellten Methoden sollte zweierlei beachtet werden. Erstens die Tatsache, daß die Gestaltung des Layouts in der Praxis unter verschiedenen, teilweise auch konkurrierenden Zielen erfolgen muß (z. B. unter dem Ziel der Minimierung von Transportwegen und unter soziologischen Zielen). Die Methoden zur Layoutänderungsplanung und zur Layoutplanung können also nur einen Problemlösungsbeitrag liefern. Zweitens die Tatsache, daß die nachfolgend verwendeten Zielfunktionen nur Beispielcharakter haben; sie können also durch andere quantitative Ziele ersetzt bzw. durch sie ergänzt werden.

Methode zur Layoutplanung

Es soll das Layout einer Datenverarbeitungsabteilung geplant werden.

Seien V_r, $r = 1(1)\,m$, die Transportvolumina für die zwischen den Arbeitsplätzen auszutauschenden Güter oder Nachrichten,

d_r, $r = 1(1)\,m$, die Weglängen zwischen den Arbeitsplätzen (Transportwege), und die Zielfunktion sei

$$Z = \sum_r V_r d_r \rightarrow \text{Min!}$$

Z für alle theoretisch möglichen Layouts zu ermitteln ist unzumutbar (man müßte abzählbar unendlich viele Berechnungen durchführen). Geht man von der Annahme aus, daß es im gegebenen Areal für n Arbeitsplätze nur n Standorte gibt, so gibt es noch immer n! Layouts. (Bei nur n = 10 hat man bereits über 3,6 Mio Layouts!) Man braucht also ein Näherungsverfahren.

Man geht also zunächst von der Annahme aus, daß es für die n Arbeitsplätze nur n mögliche Standorte gibt. Die Entfernungen zwischen den Standorten gibt die Matrix $\underline{S}$ an, in deren Zeilen und Spalten die n Standorte stehen und deren Elemente $d_{i,j}$ die Entfernungen zwischen den Standorten sind; $\underline{S}$ muß nicht symmetrisch sein.

Weiter nimmt man eine beliebige Zuordnung der Arbeitsplätze auf die Standorte zunächst an, etwa die Zuordnung, bei der Arbeitsplatz 1 den Standort 1, Arbeitsplatz 2 den Standort 2 usw. hat. Diese Zuordnung wird durch die Matrix $\underline{X}$ beschrieben, in deren Zeilen (oder Spalten) also die Arbeitsplätze, in deren Spalten (oder Zeilen) also die Standorte stehen; ihre Elemente $x_{i,j}$ sind 1, wenn Arbeitsplatz i den Standort i hat, sonst sind sie 0.

Mit $\underline{S}$ und $\underline{X}$ kann man eine Matrix $\underline{A}$ aufbauen, deren Elemente dann die Entfernungen zwischen den durch $\underline{X}$ auf die Standorte zugeordneten Arbeitsplätzen angibt.

Auf Grund der Aufgaben der Arbeitsplätze kennt man die zwischen ihnen auszutauschenden Güter oder Nachrichten. Man dokumentiert diese Beziehungen in der Matrix $\underline{V}$, in deren Zeilen und Spalten also die n Arbeitsplätze stehen und deren Elemente $v_{i,\,j}$ die Transportvolumnia angeben.

Die oben verwendete Zielfunktion kann dann wie folgt präzisiert werden:

$$Z = \sum_i \sum_j d_{i,\,j} \cdot v_{i,\,j}\ ,\ i, j = 1(1)n.$$

Das Näherungsverfahren kann durch folgende Ablaufschritte beschrieben werden (es wird von einer beliebigen Zuordnung $\underline{X}$ ausgegangen; $\underline{S}$ und $\underline{V}$ sind gegeben):

1. Schritt: Man ermittelt Z für die (beliebig angenommene) Zuordnung $\underline{X}$ und hat eine Ausgangslösung.

2. Schritt: Man tauscht in $\underline{X}$ jeweils zwei Arbeitsplätze so, daß man den i-ten Arbeitsplatz, $i \neq 1$, mit dem *ersten* Arbeitsplatz vertauscht. Man ermittelt jeweils die zugehörige Matrix $\underline{A}$ und bestimmt daraus Z. Aus der Ausgangslösung und den Lösungen der n-1 Vertauschungen ermittelt man die Z-minimale Lösung, die als optimale Zwischenlösung bezeichnet wird.

3. Schritt: Man tauscht in $\underline{X}$ jeweils zwei Arbeitsplätze so, daß man den i-ten Arbeitsplatz, $i \neq 2$, mit dem *zweiten* Arbeitsplatz vertauscht. Man ermittelt jeweils die zugehörige Matrix $\underline{A}$ und bestimmt daraus Z. Aus der optimalen Zwischenlösung und den Lösungen der n-1 Vertauschungen ermittelt man die Z-minimale Lösung, die wiederum als optimale Zwischenlösung bezeichnet wird, usw.

Das Verfahren ist beendet, wenn n Schritte berechnet sind. Das der Z-minimalen Lösung entsprechende Layout ist das optimale Layout. Ein Beispiel wird im Demonstrationsteil am Schluß dieses Kapitels gezeigt (Beispiel 8/3).

Methode zur Layoutänderungsplanung

Es soll die Datenverarbeitungsabteilung in ein gegebenes Layout eingefügt werden.

Seien (x_i, y_i), $i = 1(1)n$, die Koordinaten der Standorte der mit der Datenverarbeitungsabteilung zu verbindenden Struktureinheiten,

(a_j, b_j), $j = 1(1)m$, die Koordinaten der alternativen Standorte der Datenverarbeitungsabteilung, und die Zielfunktion sei

$$Z = \sum_n | a_j - x_i | + \sum_n | b_j - y_i | \rightarrow \text{Min!}$$

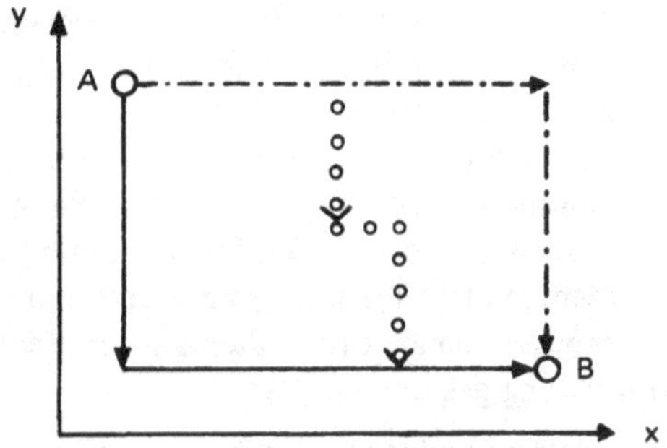

Abb. 8/7. Gleichlange Weglängen AB bei rechteckigem Wegverlauf

Dabei wird angenommen, daß die Wege AB zwischen zwei Standorten rechteckig verlaufen; folglich sind alle alternativen Wege AB gleich lang. Abb. 8/7 zeigt z. B. drei alternative, rechteckige und damit gleich lange Wege AB.

Bei n Struktureinheiten mit den Standorten $(x_1, y_1), (x_2, y_2), \ldots, (x_n, y_n)$ und j alternativen Standorten für die Datenverarbeitungsabteilung sind j Berechnungen für Z durchzuführen, und man hat den optimalen Standort mit der Z-minimalen Lösung. Zur Bewertung der Wege (z. B. mit Kosten oder Zeiten) kann man Bewertungsfaktoren w_i einführen. Am Schluß dieses Kapitels wird ein Demonstrationsbeispiel gezeigt (Beispiel 8/4).

Kontrollfragen zu 8.3.3

1) Welche Entscheidungssituationen hat man bei der Systemplanung, die eine bei der Layoutplanung von Fertigungsstätten analoge Problemstruktur aufweisen?
2) Worin besteht der Unterschied zwischen Layoutplanung und Layoutänderungsplanung?
3) Man erläutere mit eigenen Worten, warum ein „Näherungsverfahren" zur Layoutplanung verwendet wird.
4) Welches sind die bestimmenden Ablaufschritte dieses Näherungsverfahrens?
5) Man schreibe die Zielfunktion an, die bei der dargestellten Methode zur Layoutänderungsplanung verwendet wird.

8.3.4. Methoden zur Belegungsplanung

Im Zusammenhang mit der strukturellen Vorbereitung (vgl. Abschnitt 8.2.4.) wurde die Ablauforganisation im Rechenzentrum der Datenverarbeitungsabteilung und hier der Prozeß der Fertigungsvorbereitung betrachtet. Die Fertigungsvorbereitung umfaßt die Planung des Fertigungsprogramms, die Bedarfs- und Bereitstellungsplanung und die Fertigungsablaufplanung. Für den dritten der drei genannten Schritte der Fertigungsablaufplanung, also für die *Belegungsplanung*, sollen Lösungshinweise gegeben werden. Dabei wird zunächst nur stapelweise Verarbeitung unterstellt (man vgl. auch die Anmerkungen am Schluß dieses Abschnitts). Wegen des großen Stoffumfangs kann in Details nicht eingestiegen werden, zumal es sich im wesentlichen um betriebswirtschaftliches Grundlagenwissen handelt (das allerdings im Rechenzentrumsbetrieb bisher kaum zur Anwendung gekommen ist).

Lösungsmethoden zur Belegungsplanung können in analytische und heuristische Verfahren gruppiert werden. Analytische Verfahren („exakte Verfahren") sind wegen ihrer meist grob vereinfachenden Annahmen, wegen des hohen Rechenaufwands und wegen der Ungewißheiten über die Ausgangsdaten, welche die Ermittlung exakter Lösungen ohnehin fraglich erscheinen lassen, für die Belegungsplanung nicht brauchbar. Man wendet in der Praxis also heuristische Verfahren an, in denen analytische Verfahren durchaus Problemlösungsbeiträge liefern können.

Bilden von Planungsbereichen

Für die Fertigungsablaufplanung im Rechenzentrum wird nach der Länge des Planungszeitraums wie folgt in Planungsbereiche zergliedert:

- Mittelfristige Ablaufplanung (Termingrobplanung),
- kurzfristige Ablaufplanung (Terminfeinplanung) und
- Dispositionsplanung (korrigierte Terminfeinplanung).

Aufgabe der *Termingrobplanung* ist eine grobe Abstimmung zwischen der verfügbaren Kapazität und dem Kapazitätsbedarf der Aufträge. Der Planungszeitraum beträgt in der Regel einen Monat. Aufgabe der *Terminfeinplanung* ist es, festzulegen, zu welchen Zeiten welche Aufträge an welchen Arbeitsplätzen zu bearbeiten sind. Der Planungszeitraum beträgt z. B. eine Woche. Aufgabe der *Dispositionsplanung* ist es, Abweichungen des tatsächlichen Fertigungsablaufs von der Terminfeinplanung abzufangen, mit anderen Worten: vor den Arbeitsplätzen auftretende Warteschlangen unter dem gegebenen Optimierungsziel planmäßig aufzulösen. Der Planungszeitraum hierfür beträgt z. B. einen Tag.

Methoden zur Termingrobplanung

Die im Planungszeitraum (z. B. Monat) zu bearbeitenden Aufträge sind als Ergebnis der Planung des Fertigungsprogramms bekannt (vgl. Abschnitt 8.2.4.); man kennt auch ihre Fertigstellungstermine. Die Aufträge sollen so eingeplant werden, daß die Fertigstellungstermine eingehalten werden. Man geht dabei entweder progressiv (Vorwärtsterminierung) oder retrograd (Rückwärtsterminierung) vor.

Bei der *Vorwärtsterminierung* ermittelt man, ausgehend vom Beginn des Planungszeitraums, den Endtermin der Fertigstellung, indem man den Zeitbedarf der Arbeitsgänge in ihrer technologischen Abfolge aneinanderreiht. Bei der *Rückwärtsterminierung* ermittelt man, ausgehend vom vorgegebenen Fertigstellungstermin, die notwendigen Starttermine für die Aufträge bzw. für deren einzelne Arbeitsgänge. Nun kann es vorkommen, daß bei der Vorwärtsterminierung der Fertigstellungstermin eines Auftrags nicht erreicht (überschritten) wird oder daß sich bei der Rückwärtsterminierung für einen Auftrag ein Starttermin ergibt, der vor dem Beginn des Planungszeitraums liegt. Man versucht dann, mittels Durchlaufzeitverkürzung oder Kapazitätsausgleich zu einer Übereinstimmung zwischen dem Kapazitätsbedarf der Aufträge und der verfügbaren Kapazität zu kommen.

Durchlaufzeitverkürzung

Die Durchlaufzeit eines Auftrags durch ein Rechenzentrum wird nicht nur durch die Bearbeitungszeit auf den einzelnen Arbeitsplätzen, sondern auch durch sogenannte Übergangszeiten bestimmt (z. B. Wartezeit vor einem Arbeitsplatz, Transport zwischen den Arbeitsplätzen). Man wird daher zunächst versuchen, die Übergangszeit zu reduzieren. Weitere Maßnahmen zur Durchlaufzeitverkürzung sind Überlappung und Splittung.

Kapazitätsausgleich

Der Kapazitätsausgleich kann auftragsseitig oder kapazitätsseitig erfolgen. Typische Beispiele für Maßnahmen der ersten Gruppe sind: Zeitliche Verlagerung von Aufträgen oder Arbeitsgängen, Verschieben des Fertigstellungstermins, Ausweichen auf einen Ersatzarbeitsplatz oder Abweichen von der eingeplanten Arbeitsgangfolge (wenn dies technologisch möglich ist). Für die zweite Gruppe sind folgende Maßnahmen typisch: Einplanung von Überstunden, Erhöhung der Schichtanzahl, Beschaffen zusätzlicher Potentialfaktoren.

Ergebnis der Termingrobplanung sind eine Belastungsübersicht und ein Belegungsplan. Die Belastungsübersicht zeigt den Kapazitätsbedarf der eingeplanten Aufträge an den Arbeitsplätzen. Der Belegungsplan zeigt für jeden Arbeitsplatz die eingeplanten Aufträge an.

Methoden zur Terminfeinplanung

Durch die Terminfeinplanung soll festgelegt werden, zu welchen Zeiten (wann) welche Aufträge bzw. Arbeitsgänge an welchen Arbeitsplätzen durchgeführt werden sollen. Mit anderen Worten: Es wird jene Bearbeitungsreihenfolge der Aufträge bzw. Arbeitsgänge an den Arbeitsplätzen gesucht, die bestimmte Optimierungskriterien erfüllt. Optimierungskriterien sind z. B.: Minimierung der Gesamtdurchlaufzeit, Minimierung der Leerkosten, Maximierung der Termintreue.

Das Verfahren mit der praktisch größten Bedeutung zur Terminfeinplanung sind Prioritätsregeln, deren Grundprinzip so beschrieben werden kann: Sie wählen unter bestimmten Optimierungskriterien aus einer Warteschlange von Aufträgen vor einem Arbeitsplatz den als nächsten abzufertigenden Auftrag aus.

Nach ihrer Komplexität können Prioritätsregeln gegliedert werden in *elementare* Prioritätsregeln (z. B. Operationszeit-Regeln wie die „Kürzeste-Operationszeit-Regel", Terminregeln, Schlupfzeit-Regeln) und *kombinierte* Prioritätsregeln, worunter Regeln zu verstehen sind, bei denen Elementarregeln additiv, multiplikativ oder alternativ (in Abhängigkeit von bestimmten Voraussetzungen) verknüpft werden. Beispiele sind etwa die „kürzeste-Operationszeit-Regel mit Wartebeschränkung" und die (additiv verknüpfte) „kürzeste Operationszeit- und Schlupfzeit-Regel".

Methoden zur Dispositionsplanung

Prioritätsregeln können auch zur Dispositionsplanung angewendet werden, da hier eine zur Terminfeinplanung analoge Problemstruktur vorliegt (Abbauen von Warteschlangen vor Arbeitsplätzen).

Besonderheiten beim Mischbetrieb

Im Mischbetrieb, wenn also Realzeit- oder Time-Sharing-Verarbeitung neben

Zeit	Vordergrundbelegung	Hintergrundbelegung
6– 8 8–10	Stapel-Verarbeitung	Realzeit-Verarbeitung
10–12	Blockzeit für Time-Sharing-Verarbeitung	Stapel-Verarbeitung
14–16 16–18 18–20	Stapel-Verarbeitung	Realzeit-Verarbeitung
usw.		

Tafel 8/5. Grundschema des Belegungsplans beim Mischbetrieb

der stapelweisen Verarbeitung vorkommt, ist zunächst zu entscheiden, welche Betriebsform zu welchen Zeiten im Vordergrund steht (und damit Priorität hat). Tafel 8/5 zeigt beispielhaft das sich daraus ergebende Grundschema des Belegungsplans bei Mischbetrieb. Die durch eine Blockzeit abgedeckte Time-Sharing-Verarbeitung von 10 bis 12 Uhr bedarf keiner Belegungsplanung. Auf der anderen Seite ist eine Belegungsplanung für die im Hintergrund liegende Stapel-Verarbeitung von 10 bis 12 Uhr wegen der Unsicherheit über die verfügbare Kapazität nicht sinnvoll. Hier kann nur eine kurzfristige operative Ablaufsteuerung wirksam werden, die wiederum auf der Grundlage von Prioritätsregeln gestaltet werden kann.

Kontrollfragen zu 8.3.4.

1) Wie lassen sich die Lösungsmethoden zur Belegungsplanung gruppieren, welche Gruppe ist für die Problemlösung ungeeignet (Begründung)?
2) Man erläutere die drei Planungsbereiche der Fertigungsablaufplanung und gebe ihre Aufgaben an.
3) Man nenne Beispiele für Maßnahmen zur Verkürzung der "Durchlaufzeiten" bei der Terminplanung.
4) Man nenne Beispiele für Maßnahmen zum „Kapzitätsausgleich" bei der Termingrobplanung.
5) Auf welche Betriebsform bezieht sich „Belegungsplanung", wie geht man beim „Mischbetrieb" vor?

Demonstrationsbeispiele zur Implementierungsvorbereitung

Beispiel 8/1

In Abschnitt 8.2.1. wurde im Zusammenhang mit der programmtechnischen Vorbereitung folgendes Entscheidungsproblem erwähnt: Bei Rekonfigurationen steht man vor der Frage, ob vorhandene Anwendersoftware *adaptiert* werden soll oder durch *Neuprogrammierung* abzulösen ist. Man kann zur Lösung des Entscheidungsproblems eine Kostenvergleichsrechnung einsetzen, wenn diese Entscheidung allein auf Grund monetärer Größen gefällt wird.

Da zur Programmadaption verschiedene methodische Hilfsmittel zur Verfügung stehen können (vgl. hierzu Abschnitt 8.3.2.), hat man im allgemeinen mehr als zwei Alternativen (verschiedene Adaptionsalternativen und Neuprogrammierung). Die Alternativen seien A_i, $i = 1(1)n$, ihre Vergleichskosten in der betrachteten

Periode seien K_i. Gesucht ist dann die optimale Alternative A_i^* mit $K_i^* = MIN!$ $\forall K_i, i = 1(1)n$.

K_i wird durch folgende Kostenarten bestimmt:

- k_e: Entwicklungskosten der Software bzw. Adaptierungskosten [Geldeinheiten]
- k_l: Betriebskosten der Software [Geldeinheiten] ermittelt mit
  - t: Programmlaufzeit für einen Run [Zeiteinheiten]
  - a: Anzahl der Runs je Periode
  - k_z: Betriebskosten des Computersystems [Geldeinheiten/Zeiteinheit]
- k_p: Pflegekosten der Software [Geldeinheiten].

Dann ist $K_i = k_e + k_l + k_p$ [Geldeinheiten] mit $k_l = t \cdot a \cdot k_z$.

Kosten \ Alternativen	A_1	A_2	A_3
k_e [Geldeinheiten]	200.000,–	–	20.000,–
t [min.]	20	30	40
a	50	50	50
k_z $\left[\frac{\text{Geldeinheiten}}{\text{min.}}\right]$	60	60	60
k_l [Geldeinheiten]	300.000,–	450.000,–	600.000,–
k_p [Geldeinheiten]	50.000,–	100.000,–	100.000,–
K_i [Geldeinheiten]	550.000,–	550.000,–	720.000,–

Tafel 8/6. Kostenvergleichsrechnung zur Adaption von Anwendungssoftware

Tafel 8/6 zeigt ein Zahlenbeispiel mit drei Alternativen: A_1 Neuprogrammierung, A_2 und A_3 Programmadaption mit unterschiedlichen Hilfsmitteln. Trotz des erheblichen Mitteleinsatzes von 200.000,– zur Neuprogrammierung sind beide Alternativen der Programmadaption nicht kostengünstiger, was vor allem auf die wesentlich höheren Laufzeiten der adaptierten Programme zurückzuführen ist sowie auf die hohe Laufintensität (50 Runs je Periode). Die Alternativen A_1 und A_2 sind kostengleich. Zur Lösung des Wahlproblems sind daher weitere Bewertungskriterien heranzuziehen. Für die Wahl von A_1 spricht z. B., daß A_2 die Rechnerkapazität je Periode mit zusätzlich 500 min. beansprucht. Für die Wahl von A_2 spricht z. B., daß für A_1 finanzielle und personelle Ressourcen erforderlich sind. Ein Kompromiß zwischen beiden Alternativen kann so aussehen: Man implementiert zunächst A_2, weil man ohnehin Rechner-Leerkapazität hat, aber zunächst keine freien personellen Ressourcen. Man löst A_2 durch A_1 ab, sobald personelle Ressourcen zur Verfügung stehen und die Rechnerkapazität knapp wird.

Beispiel 8/2

Im Zusammenhang mit der organisatorischen Vorbereitung (vgl. Abschnitt 8.2.2.) wurde das Erarbeiten der Bediener- und Benutzeranweisungen behandelt. Bedieneranweisungen für Datenerfassungsgeräte sind bei zentraler Datenerfassung auf Lochkarten sogenannte *Lochanweisungen*, deren Gestaltung beispielhaft gezeigt werden soll.

Für jede Belegart ist eine Lochanweisung zu entwickeln. Sie soll im einzelnen enthalten:

- Deckblatt
- Dateibeschreibung
- Originalbeleg mit Durchnumerierung der Lochfelder,
- Musterlochkarte gelocht mit durchnumerierten Lochfeldern und
- Programmkarte.

Abb. 8/8 zeigt beispielhaft die Gestaltung der Dateibeschreibung.

Lochanweisung – Dateibeschreibung

Erfassungsnummer	

Belegart:

Lochfeld-nummer	Lochspalten von	bis	Anzahl Lochspalten	Datenart	Feldbezeichnung
1	1	2	2	num.	Berichtsmonat
2	3	8	6	num.	Belegnummer
3	9	13	5	num.	Bestandskonto
4	14	15	2	num.	Vorgangsart

Abb. 8/8. Dateibeschreibung einer Lochanweisung

Beispiel 8/3

In Abschnitt 8.3.3. wurde eine Methode zur *Layoutplanung* für die Datenverarbeitungsabteilung dargestellt; ein Beispiel soll die Vorgehensweise erläutern.

Die Anzahl der Arbeitsplätze und der Standorte sei mit n = 4 gegeben. Die Matrix $\underline{S}$ der Entfernungen zwischen den Standorten und die Volumenmatrix $\underline{V}$ sind:

$$\underline{S} = \begin{pmatrix} 0 & 2 & 1 & 4 \\ 2 & 0 & 3 & 2 \\ 1 & 3 & 0 & 2 \\ 5 & 2 & 1 & 0 \end{pmatrix}; \qquad V = \begin{pmatrix} 0 & 10 & 8 & 4 \\ 6 & 0 & 2 & 12 \\ 4 & 6 & 0 & 2 \\ 1 & 5 & 3 & 0 \end{pmatrix}$$

1. Schritt: Man geht von der Anordnung $\underline{X}_{11}$ aus (bei der also Arbeitsplatz 1 dem Standort 1, Arbeitsplatz 2 dem Standort 2 usw. zugeordnet ist) und hat $\underline{A}_{11} = \underline{S}$ und $Z_{11} = 130$.

2. Schritt: Es werden die X_{1i}, $\underline{A}_{1i}$ und Z_{1i} für $i = 1(1)n$, $i \neq 1$, ermittelt.

$$\underline{X}_{12} = \begin{pmatrix} 0 & 1 & 0 & 0 \\ 1 & 0 & 0 & 0 \\ 0 & 0 & 1 & 0 \\ 0 & 0 & 0 & 1 \end{pmatrix} \qquad \underline{A}_{12} = \begin{pmatrix} 0 & 2 & 3 & 2 \\ 2 & 0 & 1 & 4 \\ 3 & 1 & 0 & 2 \\ 2 & 5 & 1 & 0 \end{pmatrix} \qquad Z_{12} = 166$$

$$\underline{X}_{13} = \begin{pmatrix} 0 & 0 & 1 & 0 \\ 0 & 1 & 0 & 0 \\ 1 & 0 & 0 & 0 \\ 0 & 0 & 0 & 1 \end{pmatrix} \qquad \underline{A}_{13} = \begin{pmatrix} 0 & 3 & 1 & 2 \\ 3 & 0 & 2 & 2 \\ 1 & 2 & 0 & 4 \\ 1 & 2 & 5 & 0 \end{pmatrix} \qquad Z_{13} = 142$$

$$\underline{X}_{14} = \begin{pmatrix} 0 & 0 & 0 & 1 \\ 0 & 1 & 0 & 0 \\ 0 & 0 & 1 & 0 \\ 1 & 0 & 0 & 0 \end{pmatrix} \qquad \underline{A}_{14} = \begin{pmatrix} 0 & 2 & 1 & 5 \\ 2 & 0 & 3 & 2 \\ 2 & 3 & 0 & 1 \\ 4 & 2 & 1 & 0 \end{pmatrix} \qquad Z_{14} = 141$$

Die optimale Zwischenlösung ist $\underline{X}_{11}$ mit $Z_{11} = 130$.

3. Schritt: Es werden die $\underline{X}_{2i}$, $\underline{A}_{2i}$ und Z_{2i} für $i = 1(1)n$, $i \neq 2$, ermittelt. Da $\underline{X}_{21} = \underline{X}_{12}$ und $\underline{A}_{21} = \underline{A}_{12}$, ist $Z_{21} = Z_{12} = 166$.

$$\underline{X}_{23} = \begin{pmatrix} 1 & 0 & 0 & 0 \\ 0 & 0 & 1 & 0 \\ 0 & 1 & 0 & 0 \\ 0 & 0 & 0 & 1 \end{pmatrix} \qquad \underline{A}_{23} = \begin{pmatrix} 0 & 1 & 2 & 4 \\ 1 & 0 & 3 & 2 \\ 2 & 3 & 0 & 2 \\ 5 & 1 & 2 & 0 \end{pmatrix} \qquad Z_{23} = 124$$

$$\underline{X}_{24} = \begin{pmatrix} 1 & 0 & 0 & 0 \\ 0 & 0 & 0 & 1 \\ 0 & 0 & 1 & 0 \\ 0 & 1 & 0 & 0 \end{pmatrix} \qquad \underline{A}_{24} = \begin{pmatrix} 0 & 4 & 1 & 2 \\ 5 & 0 & 1 & 2 \\ 1 & 2 & 0 & 3 \\ 2 & 2 & 3 & 0 \end{pmatrix} \qquad Z_{24} = 155$$

Die optimale Zwischenlösung ist $\underline{X}_{23}$ mit $Z_{23} = 124$.

4. Schritt: Es werden die $\underline{X}_{3i}$, $\underline{A}_{3i}$ und Z_{3i} für $i = 1(1)n$, $i \neq 3$, ermittelt. Da $\underline{X}_{31} = \underline{X}_{13}$ und $\underline{A}_{31} = \underline{A}_{13}$, ist $Z_{31} = Z_{13} = 142$; da $\underline{X}_{32} = \underline{X}_{23}$ und $\underline{A}_{32} = \underline{A}_{23}$, ist $Z_{32} = Z_{23} = 124$.

$$\underline{X}_{34} = \begin{pmatrix} 1 & 0 & 0 & 0 \\ 0 & 1 & 0 & 0 \\ 0 & 0 & 0 & 1 \\ 0 & 0 & 1 & 0 \end{pmatrix} \qquad \underline{A}_{34} = \begin{pmatrix} 0 & 2 & 4 & 1 \\ 2 & 0 & 2 & 3 \\ 5 & 2 & 0 & 1 \\ 1 & 3 & 2 & 0 \end{pmatrix} \qquad Z_{34} = 162$$

Die optimale Zwischenlösung ist $\underline{X}_{23}$ mit $Z_{23} = 124$.

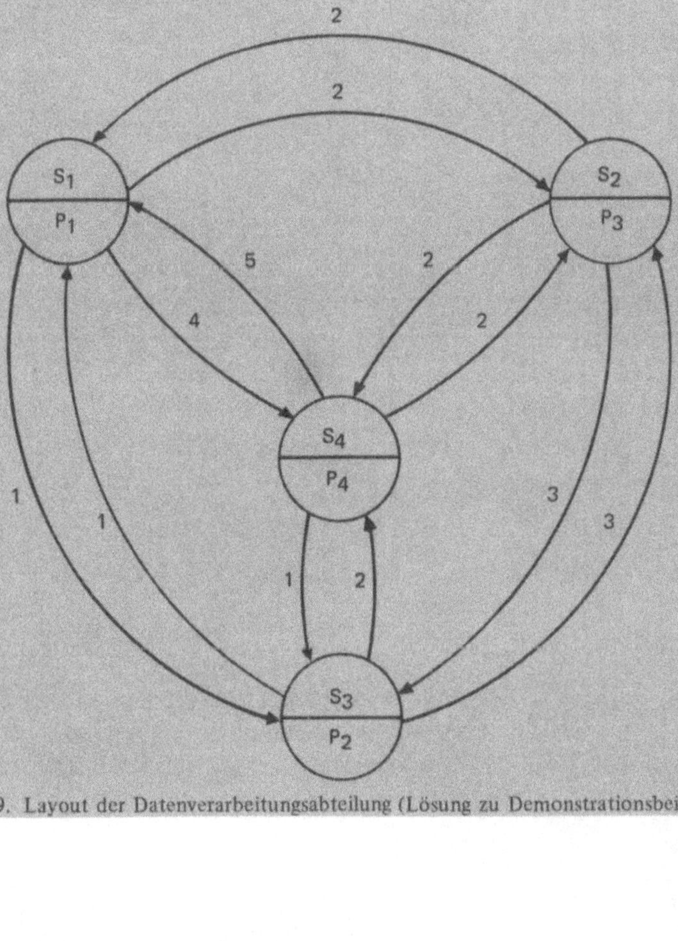

Abb. 8/9. Layout der Datenverarbeitungsabteilung (Lösung zu Demonstrationsbeispiel 8/3)

Da n = 4, ist das Verfahren mit dem 4. Schritt beendet, und die optimale Zwischenlösung des 4. Schrittes ist die optimale Lösung. Das optimale Layout wird also durch $\underline{X}_{23}$ beschrieben. Abb. 8/9 zeigt die Lösung als Digraph, wobei die Standorte mit S_1 bis S_4 und die Arbeitsplätze mit P_1 bis P_4 bezeichnet sind; an den Kanten sind die Entfernungen angegeben. Arbeitsplatz 1 wird also dem Standort 1, Arbeitsplatz 2 dem Standort 3 usw. zugeordnet.

Beispiel 8/4

Die in Abschnitt 8.3.3. dargestellte Methode zur *Layoutänderungsplanung* wird durch ein Beispiel erläutert. Die n Standorte der Struktureinheiten (x_i, y_i) und die j alternativen Standorte der Datenverarbeitungsabteilung (a_j, b_j) sind durch Tafel 8/7 gegeben; zur Kostenbewertung der Entfernungen wird w_i verwendet.

n	(x_i, y_i)	w_i	j	(a_j, b_j)
1	2,12	2	1	3,5
2	6,1	2	2	1,8
3	4,8	4	3	1,4
4	4,6	1		

Tafel 8/7. Beispiel zur Layoutänderungsplanung

Nach der Zielfunktion $Z = \sum_i w_i \mid a_j - x_i \mid + \sum_i w_i \mid b_j - y_i \mid$ wird die Ermittlung von Z_j (für den Standort j = 1) gezeigt; Z_2 und Z_3 sind analog zu bestimmen.

$$Z_1 = w_1 \mid a_1 - x_2 \mid + w_2 \mid a_1 - x_2 \mid + w_3 \mid a_1 - x_3 \mid + w_4 \mid a_1 - x_4 \mid + w_1 \mid b_1 - y_1 \mid + w_2 \mid b_1 - y_2 \mid + w_3 \mid b_1 - y_3 \mid + w_4 \mid b_1 - y_4 \mid$$

$$Z_1 = 2 \mid 3-2 \mid + 2 \mid 3-6 \mid + 4 \mid 3-4 \mid + 1 \mid 3-4 \mid + 2 \mid 5-12 \mid + 2 \mid 5-1 \mid + 4 \mid 5-8 \mid + 1 \mid 5-6 \mid$$

$$Z_1 = 2 + 6 + 4 + 1 + 14 + 8 + 12 + 1 = 48$$

Man errechnet weiter $Z_2 = 51$ und $Z_3 = 67$; also ist j = 1 der optimale Standort.

Beispiel 8/5

Im Zusammenhang mit der strukturellen Vorbereitung (vgl. Abschnitt 8.2.4.) wurde bei der Behandlung der Ablauforganisation in der Datenverarbeitungsabteilung darauf hingewiesen, daß der Arbeitsablauf vom Planungsteam zu gestalten und die erforderlichen Gestaltungshilfsmittel beizustellen sind. Ein wichtiges Gestaltungshilfsmittel sind *Formulare*; hier sollen einige Formularbeispiele gezeigt werden, die den Belegtransport bei einer zentral organisierten Datenerfassung im Rechenzentrum steuern.

Ein *Transportbegleitschein* durchläuft zusammen mit dem Belegpaket alle Arbeitsplätze, auf denen das Belegpaket bearbeitet wird. Wichtige Ordnungsdaten wie Erfassungsanweisung, Transportbehälter, Belegpaketnummer und Berichtszeit sind unter den Kopfdaten deutlich hervorgehoben. Der Laufweg ist vorgegeben; die Bearbeitung wird eingangs- und ausgangsseitig durch Eintrag von Datum, Uhrzeit und Bearbeiter dokumentiert. Abb. 8/10 zeigt ein Beispiel.

Transportbegleitschein Belege

Belegart:
Fachabteilung:
Sachbearbeiter:
Beleganzahl:
Abstimmsumme:

Erfassungsanweisung	
Behälternummer	
Belegpaketnummer	
Berichtszeitraum	

Laufweg	Eingang			Ausgang		
	Datum	Uhrzeit	Bearbeiter	Datum	Uhrzeit	Bearbeiter
Beleglieferant						
Belegkontrolle						
Datenerfassung						
Belegkontrolle						
Anmerkungen:						

Abb. 8/10. Transportbegleitschein für Belege

Transportkontrolliste Belege

Seite:

Belegart:

Fachabteilung:

Sachbearbeiter:

Erfassungsanweisung	

Berichtszeit:

Belegausgang/-eingang		Belegpaket-nummer	Behälter-nummer	Beleganzahl	Abstimmsumme	Belegausgang/-eingang		Bemerkungen
Datum	Uhrzeit					Datum	Uhrzeit	

Abb. 8/11. Transportkontrolliste für Belege

Eine *Transportkontrolliste* wird sowohl bei der Fachabteilung als auch im Rechenzentrum geführt. Sie enthält die wichtigsten Angaben der Transportbegleitscheine eines Berichtszeitraums (z. B. Monat) für jede Belegart und ermöglicht einen Überblick über alle Belege und eine gegenseitige Kontrolle zwischen Fachabteilung und Rechenzentrum. Abb. 8/11 zeigt hierzu ein Beispiel.

Übungsaufgaben zu Kapitel 8

Übungsaufgabe 8/1

Es soll der *Arbeitsablauf* in der Stelle „Datenerfassung" einer Datenverarbeitungsabteilung entworfen und mit einer geeigneten graphischen Ablaufdarstellung dokumentiert werden. Man berücksichtige dabei die in Abb. 8/5 angegebene Stellengliederung der Datenverarbeitungsabteilung.

a) Man formuliere die für eine zentrale Datenerfassung in Lochkarten typischen Ablaufschritte der Bearbeitung.

b) Man ordne die Ablaufschritte nach der technologischen Bearbeitungsfolge.

c) Welches ist der Input, welches ist der Output des Arbeitsablaufs, von welchen anderen Struktureinheiten kommt er bzw. wohin geht er?

d) Man bestimme eine geeignete Form der grafischen Darstellung und dokumentiere damit den Arbeitsablauf. (Man vgl. dazu Abschnitt 3.4.4.).

Übungsaufgabe 8/2

Es soll die *räumliche Gliederung* (das Layout) einer Datenverarbeitungsabteilung bestimmt werden.

a) Es wird von „Erfahrungswerten" ausgegangen, wie sie in Abschnitt 8.2.4. dargestellt wurden. Man ordne danach in einem Modell von drei ineinander geschachtelten Strukturblöcken (oder analogen Darstellungsmitteln) die in Abb. 8/5 gezeigten Stellen der Struktureinheit Datenverarbeitungsabteilung an. Ziel der Anordnung ist die Minimierung der mit Kosten, Zeiten, Transportvolumina o. ä. bewerteten Entfernungen zwischen den Stellen.

b) Es wird von den Planwerten des in der Implementierungsvorbereitung befindlichen Informationssystems ausgegangen; das optimale Layout wird mit dem in Abschnitt 8.3. dargestellten Entscheidungsmodell ermittelt. Zur Abkürzung der Berechnung wird nur von den Stellen des Rechenzentrums ausgegangen (vgl. Abb. 8/5): Fertigungsvorbereitung, Datenerfassung, Datenverarbeitung (Maschinenraum) und Fertigungskontrolle. Für diese vier Stellen gibt es vier alternative Standorte. $\underline{S}$ gibt die Entfernungen zwischen den Standorten, $\underline{V}$ die Transportvolumina zwischen den Stellen an. ($\underline{S}$ muß nicht symmetrisch sein!)

$$\underline{S} = \begin{pmatrix} 0 & 1 & 6 & 2 \\ 4 & 0 & 2 & 1 \\ 2 & 3 & 0 & 5 \\ 2 & 6 & 1 & 0 \end{pmatrix} \quad ; \quad \underline{V} = \begin{pmatrix} 0 & 5 & 8 & 10 \\ 2 & 0 & 7 & 4 \\ 3 & 2 & 0 & 1 \\ 1 & 5 & 2 & 0 \end{pmatrix}$$

Man kann das Übungsbeispiel auf alle zu a) berücksichtigten Stellen erweitern, hat dann aber bei manueller Problemlösung einen erheblichen Rechenaufwand.

9. Planungsstufe Implementierung

In diesem Kapitel wird als sechste Planungsstufe nach dem Phasenschema zur Systemplanung (vgl. Abschnitt 3.3.) die Implementierung des Informationssystems bzw. einzelner Teilprojekte des Informationssystems behandelt, die zusammen mit der Planungsstufe Implementierungsvorbereitung die Planungsphase Systemeinführung bildet. Zunächst werden das Ziel und die Aufgaben der Implementierung formuliert, dann die wichtigsten Implementierungsschritte behandelt, schließlich werden die Methoden zur Systemimplementierung dargestellt. Das Kapitel wird mit zwei Demonstrationsbeispielen zur Implementierung abgeschlossen.

9.1. Ziel und Aufgaben der Implementierung

Ziel der Implementierung ist es, das komplett entwickelte Informationssystem (bzw. einzelne Teilprojekte des Informationssystems) so in die Betriebsphase zu überführen und an die Benutzer zu übergeben, daß es die definierten Planungsziele erfüllt. Daraus können folgende Aufgaben der Implementierung abgeleitet werden:

Erste Aufgabe der Implementierung

Erste Aufgabe der Implementierung ist der *Start der Verarbeitung* nach der neu entwickelten Ablauforganisation einschließlich des Abschlusses der Verarbeitung nach der bestehenden Ablauforganisation.

Zweite Aufgabe der Implementierung

Zweite Aufgabe der Implementierung ist das *Bewerten* der tatsächlichen Funktionsweise des implementierten Informationssystems (bzw. einzelner Teilprojekte) im Vergleich zur geplanten Funktionsweise einschließlich notwendiger *Korrekturen.*

Dritte Aufgabe der Implementierung

Schließlich wird als dritte Aufgabe der Implementierung das Durchführen verschiedener *Abschlußarbeiten* betrachtet, welche die Systemübergabe von der Planungsgruppe an die Benutzer einschließen.

Kontrollfragen zu 9.1.

1) Man erläutere mit eigenen Worten das „Ziel der Implementierung".
2) Woraus ergibt sich die Notwendigkeit (oder die Zweckmäßigkeit), das Informationssystem in Teilprojekten sukzessiv zu implementieren? (Man greife zur Beantwortung z. B. auf Abschnitt 6.2.2. zurück.)
3) Man gebe durch „Überschriften" die Aufgaben der Implementierung an.
4) Was heißt „Bewerten" des Informationssystems?
5) Durch welche Aufgabe wird die „Systemübergabe an die Benutzer" beschrieben?

9.2. Schritte der Implementierung

Die im vorangegangenen Abschnitt genannten Aufgaben der Implementierung sollen nachfolgend als Implementierungsschritte näher betrachtet werden. Die Darstellung hierzu muß kurz gehalten werden, da nur einige grundsätzliche Aussagen wiedergegeben werden können, die vom konkreten Implementierungsprozeß unabhängig sind.

9.2.1. Start der Verarbeitung

Erster Schritt der Implementierung ist der Start der Verarbeitung nach der neu entwickelten Ablauforganisation einschließlich des Abschlusses der Verarbeitung nach der bestehenden Ablauforganisation. Dieser Start der Verarbeitung soll unter der Verantwortung der Planungsgruppe und mit deren unmittelbarer Unterstützung erfolgen, nicht also unter der Verantwortung der Benutzer.

Für die Implementierung einzelner Teilprojekte (oder von Untersystemen der Teilprojekte) wurden im Rahmen der Implementierungsvorbereitung Termine festgelegt (vgl. Abschnitt 8.2.6.). Implementierungstermine (z. B. Tag) reichen jedoch für die eindeutige Festlegung des Starts der Verarbeitung nicht aus. Diese erfolgt durch die Festlegung eines bestimmten *Ereignisses* innerhalb des Implementierungstermins (z. B. eines bestimmten Kundenauftrags); dieses Ereignis determiniert in allen logisch verbundenen Datenverarbeitungsaufgaben die „Startereignisse" der Implementierung (z. B. in der Lagerwirtschaft den ersten Lagerabgang, der durch den definierten Kundenauftrag ausgelöst wird).

Erst durch das Festlegen der „Startereignisse" ergibt sich für jede Datenverarbeitungsaufgabe und innerhalb jeder Datenverarbeitungsaufgabe für jeden Bearbeitungsschritt der genaue Zeitpunkt des Starts der Verarbeitung nach der neuen Ablauforganisation und damit der Abschluß der Verarbeitung nach der bestehenden Ablauforganisation (vgl. dazu aber auch Abschnitt 9.3.2.). Die Implementierung erfolgt also innerhalb einer Datenverarbeitungsaufgabe nicht gleichzeitig für alle am Arbeitsablauf beteiligten Verrichtungsstellen, sondern jeweils zu dem Zeitpunkt, zu dem das Startereignis an der betreffenden Verrichtungsstelle ein logisch verbundenes Ereignis auslöst.

Diese „Dehnung" des Implementierungstermins ermöglicht es der Planungsgruppe, die ersten nach der neuen Ablauforganisation zu bearbeitenden Ereignisse im Arbeitsablauf zu verfolgen und den Benutzern Implementierungsunterstützung zu geben. Im einzelnen sind dabei folgende Aufgaben von Bedeutung:

- Überwachen der korrekten Bearbeitung in den Verrichtungsstellen nach den vorliegenden Bediener- und Benutzeranweisungen; Aushelfen bei Bearbeitungsschwierigkeiten.
- Verhindern oder Ausschalten von Fehlern, die sich aus dem Übergang zu der veränderten Bearbeitungsart nach der neuen Ablauforganisation ergeben.
- Diagnostizieren von Systemfehlern, um Unterlagen für die realistische Bewertung des Informationssystems einschließlich der notwendigen Korrekturen zu gewinnen.

Bewerten einschließlich Korrektur sind Gegenstand des folgenden Planungsschrittes.

Kontrollfragen zu 9.2.1.

1) Unter wessen Verantwortung erfolgt der „Start der Verarbeitung"?
2) Warum reichen die Termine der Implementierungspläne zur eindeutigen Festlegung des Verarbeitungsstarts nicht aus?
3) Wodurch wird der Verarbeitungsstart eindeutig festgelegt?
4) Welche Konsequenz ergibt sich aus dieser Festlegung des Verarbeitungsstarts für die Implementierung in den einzelnen Verrichtungsstellen des betrieblichen Aufgabensystems?

5) Man nenne die Aufgaben der Implementierungsunterstützung der Benutzer durch das Planungsteam.

9.2.2. Bewerten und Korrektur

Bewerten des Informationssystems (bzw. eines Teilprojekts) heißt: Vergleich der tatsächlichen Funktionsweise des implementierten Informationssystems unter der Verantwortung der Planungsgruppe mit der geplanten Funktionsweise. Abweichungen können sich aus folgenden Gründen ergeben:

- Zwischen Systemtest (vgl. Abschnitt 7.2.7.) und Implementierung haben sich die Benutzeranforderungen geändert; diese Änderungen waren der Planungsgruppe nicht bekannt oder sie wurden nicht berücksichtigt (z. B. Änderungen durch Personalfluktuation).
- Der Systemtest ist nicht gründlich genug durchgeführt worden (so daß z. B. bestimmte Systemteile nicht getestet wurden).
- Die Vorbereitung der Implementierung war nicht vollständig (so daß bestimmte Hilfsmittel zur Implementierung nicht zur Verfügung standen, etwa Formulare).

Abweichungen sind sofort zu dokumentieren und zu analysieren. Korrekturmaßnahmen können wegen der möglichen Verflechtungen mit anderen Systemteilen nur nach gründlicher Analyse und Abstimmung durchgeführt werden. Insbesondere ist zu verhindern, daß der einzelne, mit der Implementierung befaßte Systemplaner unmittelbar Korrekturen im Arbeitsablauf durchführt, sofern nicht eindeutig ist, daß Auswirkungen auf andere Systemteile nicht zu erwarten sind. Nach der Fehlerbeseitigung sind die betreffenden Bearbeitungsschritte zu wiederholen, bis die geplante Funktionsweise einwandfrei gegeben ist.

Bewerten des Informationssystems (bzw. eines Teilprojekts) hat daneben eine weitere Bedeutung, auf die bereits in diesem Zusammenhang hingewiesen wird (obwohl sie erst nach der Systemübergabe an die Benutzer erfolgt): Durch die Systemplanungsgruppe ist etwa drei bis sechs Monate nach Übergabe an die Benutzer und in regelmäßigen Abständen danach durch die Datenverarbeitungsabteilung das Informationssystem einer ex-post-Bewertung zu unterziehen um festzustellen, ob es auf Dauer zufriedenstellend arbeitet. Hierbei interessieren nicht einzelne Abweichungen von definierten Benutzeranforderungen, sondern die generelle Aussage, ob der Nutzen des Informationssystems die Kosten der Systemplanung und des Betriebs rechtfertigen, und welche grundsätzlichen Maßnahmen zur Aufrechterhaltung und Weiterentwicklung erforderlich sind (Systempflege, vgl. dazu Kapitel 10.).

Die Ergebnisse dieser Bewertung werden in einem Abschlußbericht zur Systemimplementierung dokumentiert, dessen Mindestgliederung wie folgt angegeben werden kann:

- Systemplanungskosten (geplant und tatsächlich),
- laufende Betriebskosten (geplant und tatsächlich),
- meßbarer Nutzen des Informationssystems (geplant und tatsächlich),
- nicht meßbarer Nutzen,
- durchgeführte organisatorische Änderungen,
- Realisierung der Benutzeranforderungen,
- Zusammenstellung aller wesentlichen Abweichungen zwischen Plan- und Istwerten,
- Erläuterungen zu den wichtigsten Abweichungen und
- vorgesehene Beseitigungsmaßnahmen.

Dieser Bericht zur Systemimplementierung an die zuständigen Leitungsinstanzen schließt den Implementierungsprozeß ab.

Kontrollfragen zu 9.2.2.

1) Welche beiden Aspekte des „Bewertens" des Informationssystems (bzw. der Teilprojekte) wurden betrachtet?
2) Aus welchen Gründen ist mit Abweichungen zwischen der geplanten und der tatsächlichen Funktionsweise des Informationssystems zu rechnen?
3) Unter welchen Voraussetzungen kann der mit der Implementierung einzelner Arbeitsabläufe betraute Systemplaner Korrekturen unmittelbar selbst durchführen?
4) Welche Aussagen interessieren bei der ex-post-Bewertung?
5) Man gebe eine Mindestgliederung des Abschlußberichts zur Systemimplementierung an.

9.2.3. Systemübergabe und Abschlußarbeiten

Nach dem Implementieren aller Systemteile unter der Verantwortung der Planungsgruppe, dem Bewerten und gegebenenfalls dem Korrigieren mit dem Ziel der Fehlerbeseitigung wird das Informationssystem an die Benutzer übergeben. Je stärker Informationssysteme zentral organisiert sind, desto mehr verlagert sich diese „Benutzerübergabe" in eine Übergabe des Informationssystems in die Verantwortung der Datenverarbeitungsabteilung. Umgekehrt: Bei ausgeprägter Dezentralisierung des Informationssystems sind in die Systemübergabe eine Vielzahl von Benutzern einzubeziehen. Man kann sagen: Die Systemübergabe verläuft umso komplizierter, je mehr Benutzer in die Verantwortung des Systembetriebs einbezogen werden.

Man kann sich diese Aussage am Beispiel der Datenerfassung verdeutlichen: Bei zentraler Datenerfassung konzentriert sich die Systemübergabe bezüglich der betreffenden Bearbeitungsschritte auf wenige Personen der Datenverarbeitungsabteilung; bei dezentraler Datenerfassung hat man die betreffenden Bearbeitungsschritte an eine Vielzahl örtlich verstreuter Arbeitsplätze zu übergeben.

Zur Vermeidung der bei dezentraler Organisation zu erwartenden Schwierigkeiten sind entsprechende organisatorische Regelungen vorzusehen (neben den einschlägigen Aktivitäten der Implementierungsvorbereitung, vgl. Abschnitt 8.2.). Von besonderer Bedeutung ist in diesem Zusammenhang eine Regelung, die gewährleistet, daß ab dem Zeitpunkt der Systemübergabe alle Abweichungen zwischen den Benutzeranforderungen und dem Istzustand sowie Hinweise zur Verbesserung des Informationssystems durch alle mit ihm in Berührung kommende Personen, insbesondere der außerhalb der Datenverarbeitungsabteilung tätigen Benutzer, systematisch erfaßt, analysiert und bewertet werden.

Zum Erfassen eignet sich ein Formularsatz „Abweichungsbericht". Bei der Analyse von Abweichungen ist zu unterscheiden:

- Die Abweichungen können beseitigt werden, ohne festgelegte Anforderungen zu ändern,
- die Abweichungen können nur unter Änderung der festgelegten Anforderungen beseitigt werden.

Im ersten Fall braucht lediglich die Stelle „Systemplanung" der Datenverarbeitungsabteilung eingeschaltet zu werden. Der Abweichungsbericht dient als Arbeitsunterlage für die Beseitigung der Abweichung. Im zweiten Fall sind die betroffenen Leitungsinstanzen und Benutzer einzuschalten.

Beim Bewerten von Abweichungen sollten verschiedene Überlegungen angestellt werden, die Tafel 9/1 als Prüfliste zeigt.

Nach der Systemübergabe sind einige Abschlußarbeiten durchzuführen. Dazu gehören neben dem bereits erwähnten Abschlußbericht zur Systemimplementierung (vgl. Abschnitt 9.2.2.):

- Das Vervollständigen der Systemdokumentation,
- die Übergabe sämtlicher für den Systembetrieb erforderlichen Unterlagen an die Datenverarbeitungsabteilung und
- das Einarbeiten der Mitarbeiter der Datenverarbeitungsabteilung in diese Unterlagen.

Diese Abschlußarbeiten werden durch die meist vorhandene personelle Identität zwischen der Planungsgruppe und der Datenverarbeitungsabteilung erleichtert. Das Informationssystem (bzw. das einzelne Teilprojekt) ist jetzt implementiert und arbeitet entsprechend den geltenden Benutzeranforderungen.

- Handelt es sich um eine zwingend notwendige Änderung oder nur um eine Empfehlung?
- Werden durch die Änderung andere Systemteile oder Verbindungen zu anderen Teilprojekten berührt?
  + Wenn ja, werden dadurch weitere Änderungen erforderlich sein?
  + Wenn ja, sind diese Änderungen zweckmäßig?
- Ist irgendein Nutzen von der Änderung zu erwarten? Wenn ja, worin besteht er und kann er gemessen werden?
- Welche Kosten entstehen für die Durchführung der betreffenden Änderung?
- Beeinflußt die Änderung die Betriebskosten? Wenn ja, in welcher Weise und Höhe?
- Wird der durch die Änderung erwartete Nutzen die durch sie verursachten Kosten aufwiegen?

Tafel 9/1. Prüfliste zum Bewerten von Systemänderungen

Kontrollfragen zu 9.2.3.

1) Was heißt „Systemübergabe" bei zentral organisierten Informationssystemen?
2) Was heißt „Systemübergabe" bei dezentral organisierten Informationssystemen? Man führe eine vergleichende Bewertung zu 1) durch.
3) Welche Funktion hat der „Abweichungsbericht"?
4) Welche Überlegungen sind zum Bewerten von Systemänderungen anzustellen?
5) Man nenne notwendige Abschlußarbeiten der Implementierung.

9.3. Methoden zur Implementierung

In diesem Abschnitt werden die Methoden zur Systemimplementierung – auch Umstellungsmethoden genannt – behandelt. Sie beschreiben die Art der Vorgehensweise bei der Implementierung des neuen bzw. der Ablösung des alten Informationssystems. Im Zusammenhang mit dem Erarbeiten der Implementierungspläne (vgl. Abschnitt 8.2.6.) ist über die Wahl der Umstellungsmethode für die zu implementierenden Teilprojekte und damit die einzelnen Datenverarbeitungsaufgaben zu entscheiden.

Gliederungs-gesichtspunkt	Umstellungsarten
sachlich	Gesamtumstellung (Totalumstellung)
	Teilprojektumstellung der Gesamtdatenmenge
	Teilprojektumstellung in Teildatenmengen
zeitlich	Stichtagsumstellung (Direktumstellung)
	Parallelumstellung
qualitativ	Sofortige Umstellung auf den Endzustand
	Stufenweise Umstellung auf den Endzustand

Tafel 9/2. Überblick über die Umstellungsarten

Es wird zunächst mit Tafel 9/2 ein Überblick über Umstellungsarten gegeben, die nach sachlichen, zeitlichen und qualitativen Gesichtspunkten gegliedert werden. Sachliche Gesichtspunkte charakterisieren das Verhältnis des in die Umstellung einbezogenen Systemteils zum Gesamtsystem; zeitliche Gesichtspunkte charakterisieren das Verhältnis zwischen dem Zeitpunkt des Außerkraftsetzens des alten und dem Beginn des neuen Informationssystems (Systemteils); qualitative Gesichtspunkte bezeichnen die Art des Übergangs vom Istzustand zum Sollzustand.

Eine Umstellungsmethode wird durch sachliche, zeitliche und qualitative Gesichtspunkte bestimmt. Bei den angegebenen 3 x 2 x 2 Umstellungsarten ergeben sich zwölf verschiedene Umstellungsmethoden. Die nachfolgende Darstellung soll sich aber an den einzelnen Umstellungsarten der Tafel 9/2 orientieren.

9.3.1. Gesamtumstellung versus schrittweise Umstellung

Die Umstellungsarten „Teilprojektumstellung der Gesamtdatenmenge" und „Teilprojektumstellung in Teildatenmengen" werden zunächst unter dem Begriff „schrittweise Umstellung" zusammengefaßt.

Gesamtumstellung

Gesamtumstellung (Totalumstellung) bedeutet: Alle Teilprojekte werden mit allen Datenverarbeitungsaufgaben in vollem Umfang „gleichzeitig" (d. h. innerhalb eines relativ kurzen Zeitraums) umgestellt.

Vorteile der Gesamtumstellung:

- Die installierten Geräte werden „sofort" im geplanten Umfang ausgelastet, die Leerkosten werden minimiert.
- Da das gesamte Informationssystem „sofort" eingeführt wird, sind keine besonderen Implementierungsvorkehrungen bezüglich der zwischen den einzelnen Datenverarbeitungsaufgaben und Teilprojekten bestehenden logischen Verflechtungen erforderlich.

Nachteile der Gesamtumstellung:

- Punktuell hohe Anforderungen an die Ressourcen, insbesondere an das Personal.
- Psychologische Schwierigkeiten mit den Benutzern.
- Es liegen keine praktischen Erfahrungen für die Implementierung umfassender, komplexer Informationssysteme „in einem Zug" vor.

Eine Gesamtumstellung ist daher nur möglich, wenn folgende Bedingungen (gemeinsam) vorliegen:

- Das Gesamtsystem ist nicht zu groß.
- Das alte Informationssystem steht schon auf einer organisatorisch höheren, abgeschlossenen Stufe (z. B. bei Rekonfigurationen).
- Alle Feinprojekte sind abgeschlossen.

Schrittweise Umstellung

Schrittweise Umstellung bedeutet: Die Systemteile (Datenverarbeitungsaufgaben oder Teilprojekte) werden sukzessiv, also nicht gleichzeitig umgestellt.

Vorteile der schrittweisen Umstellung:

- Der Umstellungsaufwand wird über der Zeit verteilt (geringere Anforderungen an die Ressourcen).
- Die Benutzer werden allmählich mit dem neuen Informationssystem vertraut gemacht.
- Das Planungsteam sammelt Umstellungserfahrungen, die es bei den nachfolgenden Umstellungsschritten ausnutzen kann.

Nachteile der schrittweisen Umstellung:

- Die installierten Geräte werden zunächst nicht ausgelastet; es entstehen höhere Leerkosten.
- Logisch miteinander verbundene Systemteile werden willkürlich abgetrennt; man wird daher unter „schrittweise" nicht „Datenverarbeitungsaufgabe für Datenverarbeitungsaufgabe", sondern „Teilprojekt für Teilprojekt" verstehen müssen.

Voraussetzung jeder schrittweisen Umstellung ist, daß die Systemteile (also z. B. die Teilprojekte) relativ in sich *abgeschlossen* sind; sie müssen – zumindest vorübergehend – selbständig existieren können. Dies muß bereits beim Bilden der Teilprojekte (vgl. Abschnitt 6.2.2.) beachtet werden.

Bei integrierten Informationssystemen spielt wegen der zwischen den Teilprojekten bestehenden logischen Verflechtungen („Wiederverwendungsdaten") die Einführungsreihenfolge der Teilprojekte eine Rolle; beim Bestimmen der Reihenfolge muß darauf geachtet werden, daß keine *Vorrangbedingungen* verletzt werden; einige Teilprojekte können nur umgestellt werden, wenn schon vorher andere Teilprojekte umgestellt wurden.

Soweit möglich, sollte bei der Festlegung der Einführungsreihenfolge auch beachtet werden, mit „einfachen" Teilprojekten zu beginnen. Einen großen Einfluß auf die Komplexität der Umstellung hat z. B. die Abarbeitungsfrequenz (Häufigkeit der Abarbeitung einer Datenverarbeitungsaufgabe im Zeitabschnitt), weil dadurch die Zeitspanne gegeben ist, die zur Fehlerbeseitigung zur Verfügung steht.

Die Schrittfolge der Umstellung sollte so gewählt werden, daß nach der Umstellung eines Teilprojekts zunächst eine Konsolidierungsphase vorgesehen wird, um Fehler erkennen und beseitigen zu können, die in nachfolgend zu implementierenden Teilprojekten erneut auftreten würden.

Varianten der schrittweisen Umstellung

Angenommen, man stellt unter sachlichen Gesichtspunkten schrittweise die Teilprojekte um. Bei großen Datenmengen der Teilprojekte kann es zweckmäßig sein, statt mit einem Umstellungsschritt die Gesamtdatenmenge, mit mehreren Umstellungsschritten nur jeweils eine Teildatenmenge einzelner oder aller Datenverarbeitungsaufgaben der Teilprojekte umzustellen (weil dadurch z. B. die Anforderungen an die Umstellungsressourcen wesentlich verringert werden).

Teildatenmengen können noch folgenden Regeln gebildet werden:

- Jede Teildatenmenge besteht aus den Elementen der Gesamtdatenmenge, die in einem festgelegten Zeitraum bewegt werden.

– Jede Teildatenmenge wird im voraus festgelegt, z. B.
  - durch eine konstante Anzahl von Elementen,
  - durch die Zugehörigkeit der Elemente zu einer bestimmten Struktureinheit.

Für Datenverarbeitungsaufgaben, bei denen innerhalb relativ kurzer Zeit alle Elemente aktiviert werden (z. B. Lohnabrechnung), kommt nur die zweite Regel in Frage. Zur weiteren Erläuterung wird am Schluß dieses Kapitels ein Demonstrationsbeispiel gegeben (Beispiel 9/1).

Kontrollfragen zu 9.3.1.

1) Was bedeutet „Gesamtumstellung"?
2) Man nenne Vorteile und Nachteile der Gesamtumstellung.
3) Welche grundlegende Voraussetzung muß bei schrittweiser Umstellung gegeben sein; was ist bezüglich der „Vorrangbedingungen" zu beachten?
4) Man nenne die Varianten der schrittweisen Umstellung.
5) Nach welchen Regeln können Teildatenmengen gebildet werden?

9.3.2. Stichtagsumstellung versus Parallelumstellung

Stichtagsumstellung (Direktumstellung) bedeutet: Zu einem festgelegten Zeitpunkt (bzw. mit einem festgelegten Ereignis, vgl. Abschnitt 9.2.1.) wird das alte Informationssystem (Teilprojekt) außer Kraft gesetzt und das neue implementiert.

Vorteile der Stichtagsumstellung:

– Es entfallen alle Parallelarbeiten sowie das Überprüfen, Berichtigen und Abstimmen beider Verfahren mit den damit verbundenen terminlichen, räumlichen und personellen Schwierigkeiten.
– Alle von der Umstellung betroffenen Mitarbeiter können sich sofort auf das neue Verfahren konzentrieren.

Nachteile der Stichtagsumstellung:

– Systemfehler wirken sich unmittelbar auf die realen betrieblichen Prozesse aus.
– Die notwendige Wiederholung der Arbeiten kann nicht nur den ordnungsmäßigen Arbeitsablauf stören, sondern diesen auch vorübergehend oder für längere Zeit zum Stocken bringen.

- Systemfehler wirken sich auch auf mittelbar Beteiligte aus (z. B. Kunden, Lieferanten).

Stichtagsumstellung eignet sich für Datenverarbeitungsaufgaben, die wie folgt gekennzeichnet sind:

- Großer Zeitabstand zwischen Primärdaten-Beistellung und Benutzerdaten-Verfügbarkeit (weil damit genügend Zeit zur Fehlerkorrektur besteht).
- Geringe Abarbeitungsfrequenz im Zeitabschnitt.
- Geringe Primärdatenmenge.
- Einfache Kontrollmöglichkeit der Benutzerdaten.
- Geringe Verflechtungen mit anderen Datenverarbeitungsaufgaben.
- Geringe Anzahl von Empfängern der Benutzerdaten.

Parallelumstellung bedeutet: Das alte Informationssystem (Teilprojekt) und das neue laufen so lange nebeneinander, bis das neue nach Auffassung der Planungsgruppe und der Benutzer einwandfrei funktioniert. Vor- und Nachteile dieser Umstellungsart sowie die hierfür geeigneten Datenverarbeitungsaufgaben ergeben sich aus den Ausführungen zur Stichtagsumstellung. Generell gilt, daß diese Umstellungsart für Datenverarbeitungsaufgaben vorzusehen ist, bei denen eine hohe Sicherheit und Qualität der Ergebnisse gefordert werden muß (z. B. Lohnabrechnung, Fakturierung).

Kontrollfragen zu 9.3.2.

1) Was bedeutet „Stichtagsumstellung"?
2) Man nenne die Vorteile der Stichtagsumstellung.
3) Man nenne die Nachteile der Stichtagsumstellung.
4) Wie sind Datenverarbeitungsaufgaben zu kennzeichnen, für die Stichtagsumstellung geeignet ist?
5) Was bedeutet „Parallelumstellung"?

9.3.3. Sofortige Umstellung versus stufenweise Umstellung

Steht das abzulösende Informationssystem bereits auf einem organisatorisch hohen Stand (z. B. bei Rekonfiguration der Computersysteme), dann ist es möglich, sofort auf den projektierten Endzustand des neuen Informationssystems umzustellen (weil dann z. B. nur geringe organisatorische Veränderungen erforderlich sind).

Stufenweise Umstellung bedeutet: Der projektierte Endzustand wird über mehrere Zwischenstufen erreicht. Sie kann für komplizierte Datenverarbeitungsaufgaben mit großen Veränderungen gegenüber dem bisherigen Informationssystem zweckmäßig sein. Vorteilhaft bei stufenweiser Umstellung wirkt sich auch die vereinfachte Einarbeitungsmöglichkeit für die Benutzer aus.

Die zu durchlaufenden Zwischenstufen und der zu erreichende Endzustand müssen genau fixiert sein. Jede Zwischenstufe ist so zu gestalten, daß eine relativ leichte Kontrolle der Ergebnisse möglich ist.

Zwingend kann stufenweise Umstellung sein, wenn qualitativ völlig neue Verfahren eingeführt werden, die umfassende organisatorische Veränderungen erfordern. Am Schluß dieses Kapitels wird zur weiteren Erläuterung ein Demonstrationsbeispiel zur stufenweisen Umstellung gezeigt (Beispiel 9/2).

Kontrollfragen zu 9.3.3.

1) Was heißt „sofortige Umstellung auf den projektierten Endzustand"?
2) Unter welcher Voraussetzung ist die sofortige Umstellung zweckmäßig?
3) Was heißt „stufenweise Umstellung auf den projektierten Endzustand"?
4) Wie sind die einzelnen Zwischenstufen bei stufenweiser Umstellung zu gestalten?
5) Unter welcher Voraussetzung kann die stufenweise Umstellung zwingend notwendig sein?

Demonstrationsbeispiele zur Implementierung

Beispiel 9/1

In Abschnitt 9.3.1. wurden als Varianten der schrittweisen Umstellung die Teilprojektumstellung der Gesamtdatenmenge und die Teilprojektumstellung in Teildatenmengen behandelt. Mit diesem Demonstrationsbeispiel sollen die *Regeln* zum Bilden von Teildatenmengen erläutert werden. Als Beispiel wird die Datenverarbeitungsaufgabe „Materialbestandsführung" betrachtet.

Erste Regel zur Bildung der Teildatenmengen

Die erste Regel zur Bildung der Teildatenmengen lautete: Jede Teildatenmenge besteht aus den Elementen der Gesamtdatenmenge, die in einem festgelegten Zeitraum bewegt werden.

Im Beispiel der Materialbestandsführung sieht das Anwenden dieser Regel so aus: In jedem Zeitabschnitt (z. B. in jeder Woche) werden die Materialarten umgestellt, die durch Zugänge oder durch Abgänge bewegt werden, und die noch nicht in vorher bereits umgestellten Teildatenmengen enthalten waren. Voraussetzung für das Anwenden dieser Regel ist also, daß man bei jeder Materialbewegung auf möglichst einfache Weise feststellen kann, ob die betreffende Materialart bereits umgestellt wurde.

Angenommen, man hat bisher eine Materialkartei manuell geführt. Man kann diese Materialkartei dann als Dispositionsmittel für die Umstellung verwenden. Jede umgestellte Materialart wird auf der Materialkarte gekennzeichnet. Bei jeder Materialbewegung wird zunächst die entsprechende Materialkarte gezogen und auf Kennzeichnung geprüft. Ist sie nicht gekennzeichnet (ist also die betreffende Materialart noch nicht umgestellt), so werden außer der Materialbewegung die Stamm- und Bestandsdaten der Materialart auf einem maschinell

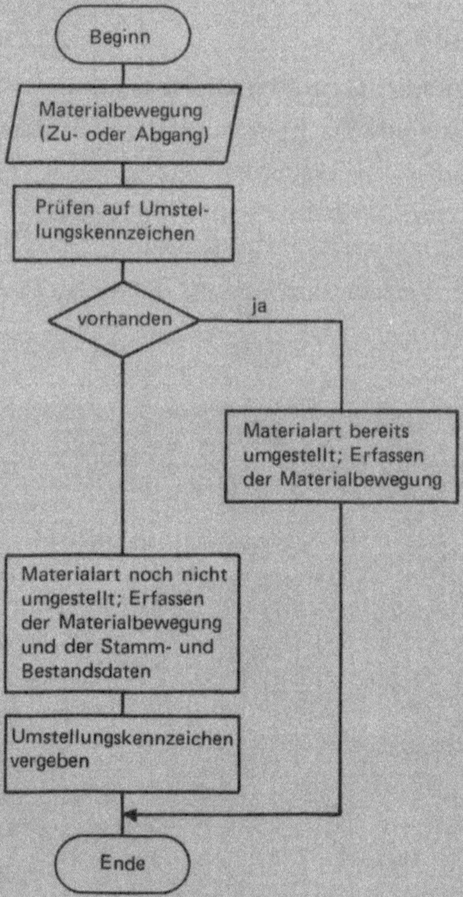

Abb. 9/1. Grob-Programmablaufplan zur Bildung von Teildatenmengen (Beispiel Materialbestandsführung)

verarbeitbaren Datenzwischenträger erfaßt (z. B. auf Lochkarte). Mit der Durchführung der nächsten Materialbestandsführung werden zunächst die Stamm- und Bestandsdaten verarbeitet, also die Sätze der Stamm- und Bestandsdaten in die Datei der Stamm- und Bestandsdaten der bereits umgestellten Materialarten übernommen. Für alle Materialarten, die seit Beginn der Umstellung noch nicht bewegt wurden, gilt die manuell geführte Materialkartei als Stamm- und Bestandsdatei. Abb. 9/1 zeigt dazu den Arbeitsablauf als groben Programmablaufplan.

Zweite Regel zur Bildung der Teildatenmengen

Die zweite Regel zur Bildung der Teildatenmenge lautete: Jede Teildatenmenge wird im voraus festgelegt (z. B. durch eine konstante Anzahl von Elementen).

Im Beispiel der Materialbestandsführung sieht das Anwenden dieser Regel so aus: In jedem Zeitabschnitt (z. B. in jeder Woche) wird eine bestimmte Anzahl von Materialarten umgestellt, unabhängig davon, ob sie bewegt werden. Man kann die Bildung der Teildatenmengen z. B. über die Materialnummer steuern. Jedem Zeitabschnitt wird also ein bestimmter Nummernbereich zur Umstellung zugeordnet. Man weiß dann bei einer Materialbewegung auf Grund der Materialnummer der Materialart, ob diese bereits umgestellt wurde oder nicht. Treten Bewegungen für noch nicht umgestellte Materialarten auf, so sind diese wie bisher in der manuell geführten Materialkartei zu verarbeiten.

Beispiel 9/2

In Abschnitt 9.3.3. wurde die sofortige Umstellung mit der stufenweisen Umstellung auf den Endzustand verglichen; die *stufenweise* Umstellung soll durch ein Beispiel erläutert werden.

Ein Betrieb mit auftragsgebundener Fertigung von Enderzeugnissen will die Lieferfristen verkürzen. Deshalb soll von einer bestellgesteuerten zu einer verbrauchsgesteuerten Vorfertigung übergegangen werden (es soll also ein anderer Lösungsalgorithmus verwendet werden). Einzelteile und Baugruppen sollen also nicht erst bei Vorliegen der Kundenaufträge Fertigungsaufträge auslösen, sondern auf Zwischenlager gefertigt werden; Fertigungsaufträge werden dann z. B. durch Unterschreiten festgelegter Mindestbestände ausgelöst. Dieser Lösungsalgorithmus erfordert die Einrichtung von Zwischenlagern; er kann erst anlaufen, wenn Lagerbestände vorhanden sind, die größer oder gleich den festgelegten Mindestbeständen sind. Man wird daher die aus Kundenaufträgen abgeleiteten Fertigungsaufträge so erhöhen, daß allmählich ein Bestandszuwachs eintritt. Ist für eine Teileart der Mindestbestand erreicht oder überschritten, so wird sie in das neue, verbrauchsgesteuerte System übernommen. Nach Übernahme der letzten Teileart ist die Zwischenstufe beendet.

10. Pflege des Informationssystems

Mit dem Abschluß der Implementierung des Informationssystems (bzw. eines Teilprojekts) setzt der *Systembetrieb* ein, also die Produktionsphase des Informationssystems; die Systemplanung ist damit aber nicht beendet. Während des Systembetriebs hat man nämlich eine Reihe von Entscheidungstatbeständen, die ihrem Charakter nach Entscheidungstatbestände der Systemplanung sind. Diese im gemeinsamen Schnitt von Systemplanung und Systembetrieb liegenden Entscheidungstatbestände sind die Objekte der Planungsphase *Systempflege*.

Systempflege wird in die Planungsstufen *Aufrechterhaltung* und *Weiterentwicklung* des Informationssystems gegliedert. Nachfolgend werden Ziel und Aufgaben dieser Planungsstufen behandelt, und es werden verschiedene Entscheidungstatbestände und Gestaltungsmethoden der Systempflege betrachtet.

10.1. Ziel und Aufgaben der Systempflege

Die Planungsphase Systempflege wird gegliedert in die Planungsstufen Aufrechterhaltung und Weiterentwicklung des Informationssystems.

Planungsstufe Aufrechterhaltung

Gestaltungsobjekte der Planungsstufe Aufrechterhaltung sind die implementierten Systemteile, also die bereits implementierten Datenverarbeitungsaufgaben und Teilprojekte. Ziel dieser Planungsstufe ist es, durch geeignete Maßnahmen sicherzustellen, daß die Planungsziele über die gesamte Lebensdauer des Informationssystems erfüllt werden (daß sie also nicht nur zum Zeitpunkt der Implementierung erfüllt sind). Man kann das Ziel dieser Planungsstufe auch so formulieren: Entwickeln und Anwenden eines umfassenden Diagnose- und Optimierungsmodells für alle implementierten Systemteile. Ursachen für Abweichungen beim Systembetrieb von Planungszielen sind z. B.:

- Es treten Systemfehler auf, weil keine Datenverarbeitungsaufgabe perfekt implementiert werden kann.
- Es ändern sich Benutzeranforderungen, weil keine Benutzerorganisation statisch ist.

- Es ändert sich die implementierte Hardware oder Systemsoftware, weil Hersteller verbesserte Hardwareelemente oder Systemsoftware anbieten.
- Man will durch organisatorische, programmtechnische oder andere Maßnahmen das implementierte Informationssystem optimieren.

Nicht nur Systemfehler, sondern jede Abweichung zwischen den zu einem beliebigen Zeitpunkt bestehenden Planungszielen (vor allem den Benutzeranforderungen) und ihrer Realisierung sind also Auslöser für Maßnahmen zur Systemaufrechterhaltung. Aufgabe der Diagnose ist es, Abweichungen festzustellen, Aufgabe der Optimierung ist es, Abweichungen durch geeignete Maßnahmen zu beseitigen.

Planungsstufe Weiterentwicklung

Gestaltungsobjekte der Planungsstufe Weiterentwicklung sind alle nachziehbaren Systemteile, also Datenverarbeitungsaufgaben oder Teilprojekte, die in die bereits implementierten Systemteile einbezogen werden, ohne die Struktur des Informationssystems grundlegend zu verändern. Geht man bei der Systemplanung vom Entwurf eines integrierten Gesamtsystems aus (vgl. Abschnitt 6.2.2.), dann werden solche Datenverarbeitungsaufgaben bzw. Teilprojekte Gegenstand der Planungsstufe Weiterentwicklung sein, für die zumindest die Grobprojekte bereits vorliegen (deren Feinprojektierung aber z. B. wegen knapper personeller Ressourcen zurückgestellt wurde).

Für diese Systemteile verzweigt man aus der Planungsstufe Weiterentwicklung in die entsprechenden Aktivitäten der Systemplanung (z. B. Beginn der Feinprojektierung). Dabei sind die vorliegenden Planungsergebnisse (also z. B. die Grobprojekte) vor allem unter Berücksichtigung der Implementierungserfahrungen der umgestellten Systemteile zu bewerten.

Unter Hinweis auf die Kapitel 5 bis 9 kann hier also auf die Behandlung der Planungsstufe Weiterentwicklung verzichtet werden.

Kontrollfragen zu 10.1.

1) Welche Planungsstufen umfaßt die Planungsphase „Systempflege"?
2) Man gebe mit eigenen Worten die Ziele der Planungsstufen der Systempflege an.
3) Man nenne Ursachen für Abweichungen beim Systembetrieb von den Planungszielen.
4) Welche Aufgabe hat die Diagnose, welche Aufgabe die Optimierung von Informationssystemen?

5) Man begründe, warum eine Behandlung der Planungsstufe Weiterentwicklung nachfolgend nicht erforderlich ist.

10.2. Realisierungskonzept der Systempflege

In diesem Abschnitt soll ein allgemeines Konzept zur Realisierung der Systempflege (der Diagnose und Optimierung von Informationssystemen) entwickelt werden. Die Maßnahmen zur Systempflege lassen sich in dieses Konzept einordnen, ebenso die diese Maßnahmen unterstützenden Methoden. Dabei wird deutlich werden, daß die Systempflege im Sinne des Entwickelns eines umfassenden Diagnose- und Optimierungsmodells (man kann auch sagen: eines Kontrollsystems für Informationssysteme) nicht erst nach der Implementierung des Informationssystems einsetzt, sondern spätestens bei der Feinprojektierung (man vgl. die Abschnitte 7.2.2. und 7.2.3.). (Zur richtigen Einschätzung der nachfolgenden Darstellung wird darauf hingewiesen, daß es sich um ein Konzept handelt, das heute weder durch Forschungsergebnisse noch durch die Praxis konkret ausgefüllt ist.)

Das Entwickeln eines Realisierungskonzepts der Systempflege wird hier wie folgt gegliedert:

- Bestimmen der Ziele zur Systempflege,
- Entwickeln der Makrologik des Systempflegeprozesses und
- Organisation der Systempflege.

Die Begriffe „Systempflege" (im Sinne von Aufrechterhaltung) und „Diagnose- und Optimierung" werden dabei synonym verwendet.

10.2.1. Ziele für die Diagnose und Optimierung

Allgemein kann unter Diagnose eines Informationssystems das Bestimmen seines Verhaltens in Bezug auf bestimmte Ziele verstanden werden. Das Bestimmen des Systemverhaltens setzt demnach zunächst die inhaltliche Bestimmung dessen voraus, woran das Verhalten des Systems gemessen werden soll. Weiter eine Vorgabe über das gewünschte Ausmaß dieses Verhaltensmaßstabs sowie schließlich eine Aussage über das zum Diagnosezeitpunkt tatsächlich gegebene Ausmaß dieses Verhaltensmaßstabs.

Bedeutung der Ziele

Mit anderen Worten setzt Diagnose *Meßziele* voraus; Meßziele sind operationale Ziele, deren Zielinhalt, deren angestrebtes Ausmaß der Zielerreichung und deren zeitlicher Bezug bekannt sind, und für die mittels einer gegebenen Meßvorschrift das tatsächliche Ausmaß der Zielerreichung zum Objektzeitpunkt der Diagnose gemessen werden kann.

Konkreter formuliert kann die Bedeutung der Ziele (zunächst) für die Diagnose auch so gesehen werden: Sie determinieren auf Grund ihrer inhaltlichen Bestimmung, was gemessen werden soll, und sie stellen auf Grund ihres angestrebten Ausmaßes der Zielerreichung sowie des zeitlichen Bezugs Vorgaben (Sollwerte) für die Bestimmung des Verhaltens eines Systems dar. Daraus leitet sich ihr bestimmender Charakter für das Ermitteln der Istwerte ab.

Diagnose beinhaltet jedoch mehr als das bloße Feststellen von Istwerten zu vorgegebenen Zielen und das Bestimmen von Soll-Ist-Abweichungen, Diagnose umfaßt auch die qualitative Beurteilung dieser Abweichungen.

Allgemein handelt es sich bei dieser qualitativen Beurteilung um die Feststellung, ob eine Abweichung zwischen Soll- und Istwerten „gut" oder „schlecht" zu beurteilen ist. Spezieller darum, die Abweichung einem definierten Systemverhalten zuzuordnen. Voraussetzung dafür ist, daß das Diagnosesubjekt über eine Zuordnungsschrift verfügt, die für jedes Meßziel die Elemente der „Menge Soll-Ist-Abweichungen" den Elementen der „Menge definierter Systemverhalten" eindeutig zuordnet. Man kann sich an Beispielen leicht klar machen, daß es nicht generell möglich ist, über eindeutige Zuordnungsvorschriften zu verfügen; eine Soll-Ist-Abweichung kann unterschiedliche Ursachen haben und damit auch unterschiedlichen Systemverhalten zugeordnet werden. Ein allgemeines Konzept zur Diagnose von Informationssystemen soll dies berücksichtigen; die Zuordnung erfolgt im Einzelfall gegebenenfalls auf Grund der Ergebnisse einer *Ursachenanalyse* von Soll-Ist-Abweichungen.

Diagnosemodelle liefern also Erkenntnisse folgender Art: Das Systemverhalten entspricht bzw. entspricht nicht den Erwartungen des Entscheidungsträgers. Entspricht es nicht den Erwartungen des Entscheidungsträgers, dann wird er versuchen, dem Systemverhalten Optimierungsmaßnahmen (ein Optimierungsbündel) zuzuordnen mit dem Zweck, durch Anwenden dieses Optimierungsbündels den Zielerreichungsgrad so zu beeinflussen, daß bei einer Wiederholung der Diagnose ein befriedigendes Systemverhalten diagnostiziert wird. Der Entscheidungsträger hat also eine Zuordnungsvorschrift, welche jedem Element der „Menge definierter Systemverhalten" ein Element der „Menge der Optimierungsbündel" eindeutig zuordnet.

Auch zur Optimierung kann man sich beispielhaft klar machen, daß es nicht generell möglich ist, eine eindeutige Zuordnungsvorschrift zu definieren; auf ein gegebenes Systemverhalten kann gegebenenfalls mit mehreren Optimierungsbündeln reagiert werden. In das allgemeine Konzept der Diagnose von Informationssystemen ist daher eine *Optimierungsanalyse* einzubauen, über die eine Zuordnung zwischen Systemverhalten und Optimierungsbündel erfolgt.

Systempflege ist ohne explizit formulierte Ziele also nicht möglich. In der Praxis stellt man häufig fest, daß die Zielformulierung nicht oder nur mangelhaft erfolgt; deshalb kann auch keine gezielte Systempflege durchgeführt werden.

Beispiele für Ziele in Informationssystemen

Von großer praktischer Bedeutung ist das *Wirtschaftlichkeitsstreben* als Ziel für die Diagnose und Optimierung von Informationssystemen. Einen wesentlichen Beitrag zur Diagnose der Wirtschaftlichkeit liefern Methoden zur Kosten- und Leistungsrechnung in Informationssystemen (vgl. Abschnitt 10.3.1.).

In einer Mittel-Zweck-Beziehung zum Wirtschaftlichkeitsstreben steht das *Produktivitätsstreben*. Hier ist ebenso wie beim Wirtschaftlichkeitsstreben eine Detaillierung in einzelne Funktionalbereiche von Informationssystemen erforderlich (z. B. das Produktivitätsstreben im Datenverarbeitungssystem); diese Ziele können weiter präzisiert werden (z. B. im Datenverarbeitungssystem das Produktivitätsstreben in: CPU-Auslastung, Kanalauslastung, Speicherauslastung).

Weitere generelle Ziele in Informationssystemen sind

- das Sicherheitsstreben,
- das Schutzstreben,
- das Unabhängigkeitsstreben und
- das Komfortstreben.

Für das Entwickeln eines Realisierungskonzepts der Systempflege sind diese Ziele zu vervollständigen, zu präzisieren, und es sind die zwischen den Zielen bestehenden Beziehungen zu erfassen.

Kontrollfragen zu 10.2.1.

1) Was kann allgemein unter „Diagnose eines Informationssystems" verstanden werden?

2) Was sind „Meßziele" und welche Funktion haben sie?

3) Was beinhaltet die „qualitative Beurteilung" von Soll-Ist-Abweichungen?

4) Man nenne Beispiele für generelle Ziele in Informationssystemen.

5) Wie kann z. B. das „Produktivitätsstreben" präzisiert werden?

10.2.2. Makrologik des Diagnose- und Optimierungsprozesses

Angenommen, es ist ein Zielsystem als eine geordnete Menge handlungsbestimmender Ziele zur Pflege eines Informationssystems gegeben. Jedes Element des Zielsystems (also jedes Ziel) ist dann ein potentielles Meßziel.

Die Überführung eines Zieles in ein Meßziel erfolgt durch Angabe einer *Meßvorschrift*; mit anderen Worten: ein operationalisiertes Ziel ist ein Meßziel. Eine Meßvorschrift kann als ein Algorithmus zur Ermittlung des Zielerreichungsgrades für ein Meßziel verstanden werden; sie stellt damit den wesentlichen Inhalt eines Diagnosemodells dar.

Welches sind nun die kennzeichnenden Schritte beim Entwurf einer Meßvorschrift (eines Diagnosemodells)? Hier wird wie folgt gegliedert:

– Bestimmen der Meßobjekte,
– Bestimmen der Meßgrößen,
– Bestimmen der Meßpunkte,
– Bestimmen der Meßinstrumente und
– Bestimmen der Meßgrößentransformation.

Erster Schritt: Bestimmen der Meßobjekte

Durch ein Ziel, genauer: durch die inhaltliche Zielbestimmung, ist angegeben, „was" zu messen ist. (Ein Ziel lautet beispielsweise „Durchsatzleistung maximieren!"; dann soll also der „Durchsatz" gemessen werden.) Aus der inhaltlichen Zielbestimmung ist das *Meßobjekt* abzuleiten; hierbei ist zu unterscheiden:

1. Die inhaltliche Zielbestimmung bildet *unmittelbar* das Meßobjekt ab; sie sind identisch. (Im Beispiel „Durchsatz" ist dies offenbar nicht der Fall.)
2. Die inhaltliche Zielbestimmung bildet nur *mittelbar* das Meßobjekt ab; sie sind nicht identisch.
   2.1. Der Zielinhalt kann durch *ein* Meßobjekt beschrieben werden.
   2.2. Der Zielinhalt wird durch *zwei* (oder mehrere) *alternative* Meßobjekte beschrieben.
   2.3. Der Zielinhalt wird durch *zwei* (oder mehrere) sich *ergänzende* Meßobjekte beschrieben, die in einer bestimmten funktionalen Beziehung zueinander stehen.

(Im Beispiel „Durchsatz" ist in Abhängigkeit vom betrachteten Informationssystem einer der Fälle 2. gültig; für ein Echtzeitsystem soll beispielhaft angenommen werden, daß die „Transaktion" Meßobjekt ist, also Fall 2.1. zutrifft.)

Zweiter Schritt: Bestimmen der Meßgrößen

Für ein Meßobjekt sind geeignete *Meßgrößen* abzuleiten. Meßgrößen sind meßbare Äquivalente für ein Meßobjekt. In analoger Weise zum Ableiten von Meßobjekten aus der inhaltlichen Zielbestimmung sind beim Ableiten der Meßgrößen aus einem Meßobjekt zu unterscheiden:

1. Das Meßobjekt bildet *unmittelbar* eine Meßgröße ab; sie sind identisch. (Im Beispiel „Transaktion" ist dies offenbar nicht der Fall.)
2. Das Meßobjekt bildet nur *mittelbar* die Meßgröße ab; sie sind nicht identisch.
   - 2.1. Das Meßobjekt kann durch *eine* Meßgröße beschrieben werden.
   - 2.2. Das Meßobjekt wird durch *zwei* (oder mehrere) *alternative* Meßgrößen beschrieben.
   - 2.3. Das Meßobjekt wird durch *zwei* (oder mehrere) sich *ergänzende* Meßgrößen beschrieben, die in einer bestimmten funktionalen Beziehung zueinander stehen.

(Im Beispiel „Transaktion" kann Fall 2.3. als zutreffend angesehen werden. Meßgrößen sind etwa „Anzahl Transaktionen", „Zeichenlänge Transaktionen", „Verweilzeit Transaktionen", „Häufigkeit Transaktionen".)

Dritter Schritt: Bestimmen der Meßpunkte

Für eine Meßgröße sind geeignete *Meßpunkte* zu definieren. Meßpunkte sind Elemente eines Informationssystems, an denen Meßgrößen erfaßt werden können. Eine Meßgröße kann dabei entweder an einem oder an mehreren alternativen oder an mehreren sich ergänzenden Meßpunkten erfaßt werden. (Im Beispiel „Verweilzeit Transaktionen" sind zwei sich ergänzende Meßpunkte gegeben.) Bei mehreren sich ergänzenden Meßpunkten sind in der Regel *abgeleitete Meßgrößen* für jeden Meßpunkt zu definieren. (Im Beispiel „Verweilzeit Transaktionen" also die Systemeingangs- und Systemausgangszeitpunkte.)

Vierter Schritt: Bestimmen der Meßinstrumente

Für die Erfassung von Meßgrößen an Meßpunkten sind jeweils geeignete *Meßinstrumente* festzulegen. Durch das Festlegen der Meßobjekte, Meßgrößen und Meßpunkte werden die alternativen Meßinstrumente gegebenenfalls vorbestimmt; ihre Festlegung kann also limitierend wirken auf die Menge der zur Wahl stehenden Meßinstrumente. (Im Beispiel „Durchsatz" stellen etwa Hardware-Monitore, Software-Monitore oder kombinierte Hardware-Software-Monitore die alternativen Meßinstrumente dar; die hier beispielhaft gezeigte Festlegung von Meßobjekt, Meßgrößen und Meßpunkten stellt keine Einschränkung der alternativen Meßinstrumente dar.)

Sind alternative Meßinstrumente gegeben, dann erfolgt die Auswahl einer optimalen Alternative z. B. mit einem Nutzwertmodell (vgl. Abschnitt 3.4.8.). Auswahlkriterien sind dann etwa: Genauigkeit, Kosten, Implementierungszeit, Systembeeinträchtigung der alternativen Meßinstrumente.

Fünfter Schritt: Bestimmen der Meßgrößentransformation

Schließlich muß die Meßvorschrift aussagen, wie die Meßgröße(n) in einem mit dem Sollwert des Meßzieles vergleichbaren Istwert transformiert wird (werden);

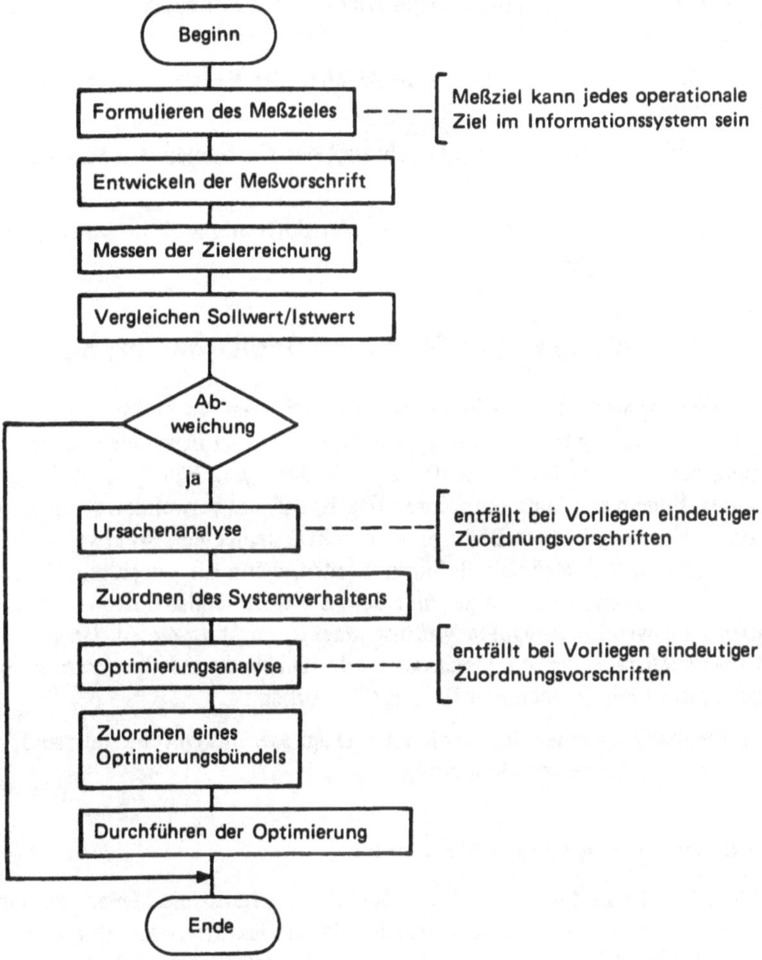

Abb. 10/1. Makrologik des Diagnose- und Optimierungsprozesses

sie muß also einen Algorithmus zur *Meßgrößentransformation* enthalten. Soll-Ist-Abweichungen können damit bestimmt werden.

In Abb. 10/1 werden die in den Abschnitten 10.2.1. und 10.2.2. erläuterten Aktivitäten zum Entwickeln des Systempflegeprozesses als grober Programmablaufplan angeordnet.

Kontrollfragen zu 10.2.2.

1) Wie erfolgt die Überführung eines Zieles in ein Meßziel?
2) Welche Alternativen gibt es beim Ableiten des Meßobjekts aus der inhaltlichen Zielbestimmung?
3) Welche Alternativen gibt es beim Ableiten der Meßgrößen aus einem Meßobjekt?
4) Man erläutere am Meßziel „Durchsatz" das Bestimmen von Meßobjekten und Meßgrößen.
5) Welche Funktion haben Hardware- oder Softwaremonitore im Diagnose- und Optimierungsprozeß?

10.2.3. Organisation der Diagnose und Optimierung

Die Anwendung bereits entwickelter Modelle zur Diagnose und Optimierung bzw. die Entwicklung spezieller Diagnose- und Optimierungsmodelle unter Verwendung bekannter Meßinstrumente liefert in der Praxis häufig nicht die gewünschten Ergebnisse. Dies kann daran liegen, daß die verwendeten Meßkonzeptionen den betrieblichen Bedingungen nicht entsprechen. So etwa, wenn keine (operationalen) Meßziele definiert werden, wenn die gewählten Meßgrößen keine Transformation in einen mit dem Sollwert vergleichbaren Istwert erlauben oder wenn ungeeignete Meßinstrumente gewählt werden. Ursache kann aber auch sein, daß die Organisation der Diagnose und Optimierung nicht gelingt, obwohl eine brauchbare Konzeption vorliegt.

Für die Realisierung einer Konzeption zur Diagnose und Optimierung sind etwa folgende Schritte von Bedeutung:

Erster Schritt: Entwickeln der Meßanordnung

In Abhängigkeit von der Auswahl des Meßinstruments ist die Meßanordnung im einzelnen festzulegen. (So ist beispielsweise ein Hardware-Monitor so zu schalten, daß an den definierten Meßpunkten die definierten Meßgrößen erfaßt werden können.)

Zweiter Schritt: Testen der Meßanordnung

Die entwickelte Meßanordnung ist zu testen. Aufgabe des Tests ist es festzustellen, ob die Meßanordnung die Anforderungen der Meßkonzeption erfüllt, insbesondere ob sie an den definierten Meßpunkten die die Meßobjekte abbildenden Meßgrößen mit der vorgegebenen Genauigkeit unter Beachtung restriktiver Einflußgrößen erfassen kann. (So ist z. B. die Schaltung des Hardware-Monitors auszutesten; restriktive Einflußgrößen können in der Forderung nach Nicht-Beeinträchtigung des Systembetriebs liegen.)

Dritter Schritt: Durchführen der Messung

Die ausgetestete Meßanordnung wird implementiert (im Beispiel des Hardware-Monitors wird dieser an den Computer angeschlossen), und die Messung wird durchgeführt.

Vierter Schritt: Auswerten der Messung

Auswerten der Messung bedeutet das Anwenden der Meßgrößentransformation auf die im 3. Schritt gemessenen (erfaßten) Daten; es beinhaltet also zunächst das Ermitteln der Istwerte der Meßziele. (Im Beispiel des Hardware-Monitors steht dafür entweder standardmäßige Auswertesoftware zur Verfügung, oder man setzt anwenderspezifisch entwickelte Auswertesoftware ein.) Auswerten der Messung beinhaltet weiter den Vergleich der Istwerte mit den Sollwerten der Meßziele sowie schließlich die qualitative Beurteilung der Soll-Ist-Abweichungen.

Fünfter Schritt: Auswerten der Diagnoseergebnisse

Den Soll-Ist-Abweichungen sind schließlich Maßnahmenbündel zur Optimierung zuzuordnen. (Im Beispiel des Hardware-Monitors ist dies z. B. das Verkürzen der Verweilzeit der Transaktionen durch Verkürzen der Speicherzugriffszeiten.)

Nach Realisierung des Optimierungsbündels wird man die Diagnose wiederholen um festzustellen, ob die prognostizierten Veränderungen des Systemverhaltens tatsächlich eingetreten sind.

Kontrollfragen zu 10.2.3.

1) Aus welchen Gründen liefert die Anwendung von Diagnose- und Optimierungsmodellen in der Praxis nicht immer die gewünschten Ergebnisse?
2) Welche Aufgabe hat das Testen bei der Organisation der Diagnose und Optimierung?

3) Was bedeutet „Auswerten der Messung"?

4) Man nenne durch „Überschriften" die fünf behandelten Planungsschritte in ihrer logischen Anordnung.

5) Man konkretisiere diese Planungsschritte am Beispiel des Meßinstruments „Hardware-Monitor".

10.3. Methoden zur Systempflege

In diesem Abschnitt werden zwei Methodenbereiche zur Systempflege behandelt, nämlich Methoden zur Kosten- und Leistungsrechnung in Informationssystemen und Methoden zur Leistungsmessung von Computersystemen (Methoden zur Computerbewertung, vgl. auch Abschnitt 6.3.5.). Im Sinne des Systemplanungsprozesses handelt es sich dabei um Meßinstrumente zur Diagnose und Optimierung (vgl. Abschnitt 10.2.2.).

10.3.1. Methoden zur Kosten- und Leistungsrechnung

Kosten- und Leistungsrechnung für Informationssysteme ermöglicht die Diagnose und Optimierung des „Fertigungsvollzugs" (des Systembetriebs) unter dem Ziel des Wirtschaftlichkeitsstrebens. Die Kosten- und Leistungsrechnung für Informationssysteme kann dabei selbst als eine Datenverarbeitungsaufgabe aufgefaßt werden, die computergestützt durchgeführt wird.

Methoden zur Kosten- und Leistungsrechnung für Informationssysteme sind nach folgenden Gesichtspunkten zu differenzieren:

– Nach dem *zeitlichen Bezug* in Planrechnung und Istrechnung,
– nach dem *Zurechnungsobjekt* in Periodenrechnung (Artenrechnung, Stellenrechnung und Trägerzeitrechnung) und Auftragsrechnung (Kalkulation) und
– nach dem *Umfang* der verteilten Kosten in Vollkostenrechnung und Teilkostenrechnung.

Aus diesem umfangreichen Methodenkomplex soll nachfolgend auf die Auftragsrechnung (Kalkulation) näher eingegangen werden. Bei der Gestaltung der Auftragsrechnung für Informationssysteme ist von den in Tafel 10/1 genannten Zielen auszugehen.

Alternative Verrechnungsmethoden der Auftragsrechnung sind z. B. die Kosten-

– Die Benutzer (die Kostenstellen) sollen mit den Kosten belastet werden, die sie verursacht haben – Den Benutzern sollen Anreize gegeben werden, ihre Datenverarbeitungsaufgaben unter ökonomischen Gesichtspunkten optimal zu gestalten – Die Beanspruchung der Leistungen des Informationssystems soll in Abhängigkeit von der Verfügbarkeit einzelner Ressourcen (z. B. Personal, Computerzeit, Speicherkapazität) gesteuert werden – Die Verrechnungsmethoden sollen für den Benutzer transparent (nachvollziehbar) sein – Alle Kosten sollen den Aufträgen zugerechnet werden

Tafel 10/1. Gestaltungsziele für die Auftragsrechnung

verrechnung durch Kostenumlage oder die Verwendung von Verrechnungspreisen.

Kostenverrechnung durch Umlage

Kostenverrechnung durch Umlage ist eine einfache und wenig differenzierende Verrechnungsmethode. Das Informationssystem, genauer: die Datenverarbeitungsabteilung, hat verrechnungstechnisch die Funktion einer Hilfskostenstelle, deren in einer Abrechnungsperiode entstandene Kosten (Istrechnung) nach einem Verteilungsschlüssel auf die Kostenstellen (Benutzer) „umgelegt" werden, die ihre Leistungen beansprucht haben.

Kernproblem der Gestaltung derartiger Verrechnungssysteme ist die Wahl geeigneter („verursachungsgerechter") Verteilungsschlüssel. Es können elementare oder kombinierte Verteilungsschlüssel verwendet werden. Elementare Verteilungsschlüssel enthalten jeweils nur ein Verteilungsprinzip; kombinierte Verteilungsschlüssel entstehen durch Verknüpfung elementarer Verteilungsschlüssel.

In der Praxis verwendete elementare Verteilungsschlüssel sind z. B.:

– Verteilung nach der Anzahl verarbeiteter Primärdatensätze;
– Verteilung nach der Anzahl der bewegten Stamm- und Bestandsdatensätze;
– Verteilung nach der Anzahl Druckzeilen auf Ausgabelisten;
– Verteilung nach der beanspruchten Prozessorzeit des Computersystems.

Verrechnungspreise

Verrechnungspreise können *summarisch* oder *differenziert* gebildet werden. Summarische Verrechnungspreise differenzieren nicht oder nur schwach nach den verschiedenen Leistungsbereichen des Informationssystems (der Datenverarbeitungsabteilung).

Bei summarischer bzw. schwach differenzierter Bildung der Verrechnungspreise kann z. B. unterschieden werden zwischen einem Personalstundensatz und einem Maschinenstundensatz. Mit dem Personalstundensatz werden Aufträge (oder Auftragsteile) abgerechnet, die vorwiegend personelle Leistungen beanspruchen; mit dem Maschinenstundensatz werden Aufträge (oder Auftragsteile) abgerechnet, die vorwiegend Geräteleistungen beanspruchen.

Mit differenzierteren Verrechnungspreisen erreicht man eine verursachensgerechtere Zurechnung der Kosten; Verrechnungspreise werden für die einzelnen Arbeitsplätze gebildet. Dabei ist beim Multiprogrammingbetrieb das Computersystem selbst in mehrere Arbeitsplätze zu zerlegen, weil die Verweilzeit eines Auftrags im Computersystem wegen der unterschiedlichen Nutzung der einzelnen Systemkomponenten (Arbeitsplätze) keine ausreichend genaue Bezugsbasis bildet. Tafel 10/2 zeigt verschiedene Systemkomponenten, die als Arbeitsplätze in das Verrechnungsmodell eingehen können; die Liste kann durch weitere Peripheriegeräte ergänzt werden.

- Zentraleinheit (CPU) mit der Nutzungseinheit „Zeit"
- Hauptspeicher mit der Nutzungseinheit „belegter Speicher mal CPU-Zeit"
- Externspeicher für die Stamm- und Bestandsdaten mit der Nutzungseinheit „belegter Speicher in Byte mal Belegungszeit in Tagen"
- Externspeicher für die Primär- und Benutzerdaten mit Nutzungseinheit „Eingabe-/Ausgabezeit"
- Drucker mit der Nutzungseinheit „Druckzeile"

Tafel 10/2. Komponenten eines Computersystems zur Kostenverrechnung

Bei der Messung der Nutzungseinheiten muß beachtet werden, daß gleiche Aufträge in unterschiedlicher Multiprogrammingumgebung mit gleichen Preisen verrechnet werden sollten. Deshalb dürfen z. B. Wartezeiten wegen systeminterner Engpässe nicht in die Nutzungszeit eingehen.

Vergleich der Verrechnungsmethoden

Bezüglich folgender Gestaltungsziele der Auftragsrechnung für Informationssysteme (vgl. Tafel 10/1) sind Verrechnungspreise günstiger zu beurteilen als Umlageverfahren:

- Bezüglich der Verursachungsgerechtigkeit,
- bezüglich der Anreizbildung zur Optimalgestaltung der Datenverarbeitungsaufgaben durch die Benutzer und
- bezüglich der Steuerung der Ressourcennutzung.

Dies gilt umso mehr, je stärker Verrechnungspreise differenziert gebildet und komplexe Computersysteme verwendet werden.

Bezüglich der Nachvollziehbarkeit der Verrechnung haben Umlageverfahren zweifellos Vorteile. Bei Verrechnungspreisen sind dem Benutzer deshalb differenzierte Abrechnungen zur Verfügung zu stellen, welche die Meßwerte, Preise und Rechnungsbeträge je Auftrag und Arbeitsplatz angeben.

Bezüglich der Zurechenbarkeit gilt: Bei Kostenumlage werden sämtliche (entstandene) Kosten ex post auf die Aufträge zugeteilt. Bei Verrechnungspreisen sind die nicht zurechenbaren Kosten (z. B. Kosten für unvorhergesehene Leerzeiten des Computersystems) en bloc im Betriebsergebnis des Gesamtbetriebes zu verrechnen.

Kontrollfragen zu 10.3.1.

1) Nach welchen Gesichtspunkten sind die Methoden zur Kosten- und Leistungsrechnung zu differenzieren?
2) Man nenne mindestens drei Ziele, die bei der Gestaltung der Auftragsrechnung für Informationssysteme verfolgt werden.
3) Man beschreibe die Verrechnungsmethode „Kostenverrechnung durch Umlage"; welche Möglichkeiten zur Bildung von Verteilungsschlüsseln gibt es?
4) Was versteht man unter summarischer, was unter differenzierter Bildung von Verrechnungspreisen?
5) Man vergleiche die Verrechnungsmethoden „Umlage" und „Verrechnungspreise" anhand ihrer Zielerträge.

10.3.2. Methoden zur Leistungsmessung

In Abschnitt 6.3.5. wurden drei Zwecke zur Leistungsmessung von Computersystemen (zur Computerbewertung) angegeben:
- Unterstützung beim Computerentwurf,
- Optimierung implementierter Computersysteme und
- Auswahl von Computersystemen.

Der zweite Zweck soll in diesem Abschnitt näher betrachtet werden. (Der erste Zweck wurde in Abschnitt 6.3.5. ausführlich behandelt.) Meßmethoden sind Software-Monitore und Hardware-Monitore.

Das Pflegeproblem, das zur Anwendung von Software- und/oder Hardware-Monitoren führt, kann so beschrieben werden: Das Betriebsverhalten eines implementierten Computersystems soll gemessen und auf Grund der Meßergebnisse gegebenenfalls so verändert werden, daß die Durchsatzzeit eines Auftrags (oder einer Auftragsmenge) minimiert bzw. die Durchsatzmenge maximiert wird.

Software-Monitore

Software-Monitore sind Meßprogramme, die simultan mit den Anwendungsprogrammen ablaufen und dabei Daten aus dem Fertigungsablauf gewinnen. Ihre Arbeitsweise kann wie folgt beschrieben werden: Zu jedem Meßzeitpunkt werden in den Ablauf des Anwendungsprogramms Operationsfolgen des Meßprogramms eingeschoben. Diese greifen auf bestimmte Speicherplätze zu, welche Daten über den Zustand des Computersystems liefern.

Software-Monitore können nach ihrer Arbeitsweise in die beiden Gruppen Ereignismessung (Tracingverfahren) und Stichprobenmessung (Samplingverfahren) eingeteilt werden. Beide Methoden haben ihre Vorteile, so daß man sie im allgemeinen zusammen in einem Meßprogramm einsetzt.

Unter *Ereignismessung* ist das Erfassen von Daten über Systemereignisse im Zeitpunkt ihres Entstehens zu verstehen. Systemereignisse sind Änderungen des Systemstatus (z. B. durch die Unterbrechung des Systems durch Verarbeitungsanforderungen von außen). In Abhängigkeit von der Auswahl der zu messenden Ereignisse unterscheidet man:

- Ereignismessung, bei der *nur bestimmte* Ereignistypen erfaßt und gezählt und die zwischen ihnen liegenden Zeitintervalle gemessen werden.
- Ereignismessung, bei der *alle* wesentlichen Ereignisse mit Zeitangabe erfaßt werden.

Im ersten Fall ist die Messung sehr einfach; Daten werden lediglich in Tabellen gesammelt. Im zweiten Fall ist die Messung so detailliert, daß mit einem Analyseprogramm (Auswertesoftware) der Verarbeitungsablauf nachvollzogen werden kann; dadurch werden detaillierte Untersuchungen des Verarbeitungsablaufs möglich.

Bei der *Stichprobenmessung* werden aus den Meßergebnissen einer Stichprobe Rückschlüsse auf die Gesamtheit des Verarbeitungsablaufs gezogen. Wird z. B. die Auslastung einer Systemkomponente (Kanal, Eingabe-/Ausgabeeinheit usw.) gemessen, dann beinhaltet eine Stichprobenentnahme die Feststellung, ob im Zeitpunkt der Stichprobenentnahme die Systemkomponente frei oder belegt ist. Aus dem Verhältnis der Anzahl der Stichprobenentnahmen, bei der die Systemkomponente belegt ist, zur Gesamtzahl der Stichprobenentnahmen ergibt sich dann die Auslastung der Systemkomponente.

Hardware-Monitore

Hardware-Monitore sind Meßgeräte, die über Meßfühler, Kabel usw. an Hardwareelemente des Computersystems angeschlossen werden. Die erfaßten Impulse werden vom Hardware-Monitor in einfachen Operationen verknüpft, zwischengespeichert und anschließend durch Auswertesoftware aufbereitet.

Mit Hardware-Monitoren können Vorgänge und Ereignisse gemessen werden. *Vorgänge* sind Signale, deren zeitliche Länge gemessen werden kann. Mit einer vorgewählten Frequenz werden die Signale periodisch abgetastet; ist während des Tastimpulses das Signal vorhanden, dann wird der Wert im angeschlossenen Akkumulator um eins erhöht. *Ereignisse* sind das Ein- und Ausschalten eines *Signals*; im Akkumulator wird nur dann gezählt, wenn das Signal seine Polarität in negativer Richtung ändert.

Aussagen der Meßmethoden

Die von den Meßmethoden gelieferten Aussagen können wie folgt gegliedert werden:

- Die *Systembelastung*, gegliedert nach den einzelnen Systemkomponenten (CPU, Hauptspeicher, Kanäle usw.), sowie die Belastungszusammenhänge.
- Das *Leistungsprofil* des Computersystems, das Aktivitäten und Wartezustände der Systemkomponenten über die gesamte Meßdauer hin zeigt und z. B. Aussagen folgender Art erlaubt:
  - Ist die Arbeitslast gleichmäßig über die Kanäle verteilt?
  - Sind die Kanäle (die Eingabe-/Ausgabeeinheiten, die Zentraleinheiten) ein Engpaß?
  - Können Systemwartezeiten abgebaut werden (z. B. durch Änderungen des Operating).
- *Aktivitätenbericht* der Eingabe-/Ausgabeeinheiten, der Aussagen über die bessere Plazierung von Dateien oder Datenspeichern erlaubt (z. B. Trennung zweier Dateien auf Datenspeicher unterschiedlicher Kanäle).
- Bericht über *Programmzugriffe* (Anzahl Zugriffe auf nicht hauptspeicherresidente Programme), der bei der Festlegung der Programm-Module hilft, die hauptspeicherresident gehalten werden sollen.

Vergleich der Meßmethoden

Nachteile der Software-Monitore (und analog Vorteile der Hardware-Monitore) sind:

- Ihre Anwendung beeinflußt das Systemverhalten, da sie selbst ein simultan zu den Anwendungsprogrammen laufendes Programm darstellen.
- Das Meßprogramm beansprucht gegebenenfalls knappe Ressourcen (z. B. Hauptspeicher, Ausgabeperipherie zum Auslesen der Meßdaten).

Nachteile der Hardware-Monitore (und analog Vorteile der Software-Monitore) sind:

- Man benötigt ein spezielles Meßgerät und hat damit immer zusätzliche Kosten.

– Zum Messen von Daten der Anwendungsprogramme müssen deren absolute Adressen bekannt sein.

Software- und Hardware-Monitore dürfen nicht als sich ausschließende Alternativen, sondern müssen als sich sinnvoll ergänzende Meßmethoden gesehen werden.

Kontrollfragen zu 10.3.2.

1) Man beschreibe das Pflegeproblem, das zur Anwendung von Hardware- und/oder Software-Monitoren führt.
2) Man erläutere die Funktionsweise eines Software-Monitors.
3) Man erläutere die Funktionsweise eines Hardware-Monitors.
4) Welche Aussagen liefern die Meßmethoden?
5) Man vergleiche Hardware- und Software-Monitore durch Angabe ihrer Nachteile bzw. Vorteile.

Anhang: Lösungshinweise zu den Übungsaufgaben

Zu Übungsaufgabe 7/1

Es sind verschiedene *Nummernsysteme* zu entwickeln.

a) Zur Definition des Verbund-Nummernsystems vgl. zunächst Abschnitt 7.2.1. Zur Klassifizierung wird die Auftragsart verwendet; Auftragsarten sind z. B. Kundenauftrag Ausland, Kundenauftrag Inland, Kundenauftrag konzernintern, Lagerauftrag usw. Bei zur Zeit neun Auftragsarten ist es zweckmäßig, gleich einen zweistelligen Nummernteil für die Auftragsart vorzusehen (um ein „Platzen" des Nummernteils zu vermeiden). Bei einem durchschnittlichen Auftragsbestand von 600 Aufträgen würde eine dreistellige Zählnummer ausreichen. Aus dem gleichen Grund wie beim klassifizierenden Nummernteil ist es zweckmäßig, den Nummernteil für die Zählnummer vierstellig vorzusehen (weil man außerdem Auftragsnummern nicht gleich nach Auftragsabschluß neu vergeben sollte). Die Auftragsnummer hat also folgendes Aussehen:

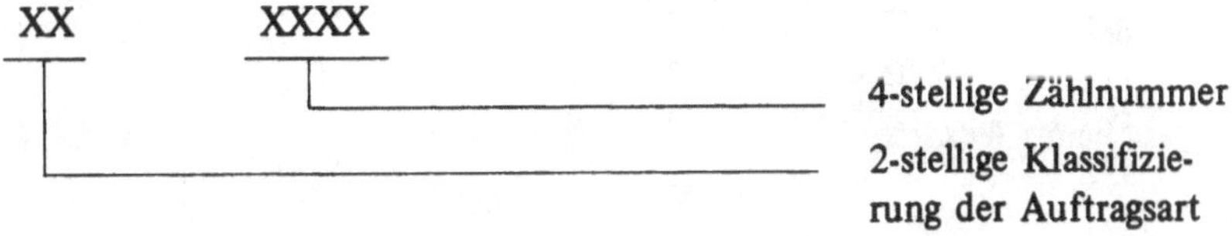

b) Zur Definition des Klassifizierungssystems vgl. zunächst Abschnitt 7.2.1. Der Nummernteil Zahlungsbedingungen wird wohl sinnvoll nur im Rahmen eines Parallel-Nummerungssystems zu sehen sein. Typische Aufgaben sind z. B.: Steuerung der Ausgabe „Zahlungsbedingungen" auf der Faktura, Überwachung des Zahlungseingangs, Einhaltung der Zahlungsbedingungen und Mahnwesen.

Tafel 7/17 zeigt die Ordnung der Zahlungsbedingungen und die Zuordnung des zweistelligen klassifizierenden Nummernteils.

Zu Übungsaufgabe 7/2

Es sollten nach verschiedenen Verfahren die *Prüfziffern* ermittelt und mit Prüfziffern gesicherte Datenfelder auf Richtigkeit geprüft werden; es werden die Ergebnisse zu den einzelnen Aufgaben angegeben.

Skontierung				Nettoziel	Nummernteil Zahlungsbedingung
Skonto %	Tage	Skonto %	Tage		
–	–	–	–	10	01
–	–	–	–	30	02
–	–	–	–	60	03
–	–	–	–	90	04
2	10	–	–	30	05
2	10	–	–	60	06
2	10	–	–	90	07
3	10	–	–	30	08
3	10	–	–	60	09
3	10	–	–	90	10
3	10	2	30	60	11
3	10	2	30	90	12

Tafel 7/17. Klassifizierender Nummernteil für Zahlungsbedingungen (Lösung zu Übungsaufgabe 7/1)

a) Die Prüfziffer ist $p=0$, da $3+7+5+7+8 = 30$ und die Einerstelle der Quersumme die Prüfziffer ist.

b) Die Prüfziffer ist $p=6$, was im einzelnen gezeigt wird (man vgl. dazu Abschnitt 7.3.1.):

g_i:	3	7	5	7	8
z_i:	1	2	1	2	1
G_i:	3	14	5	14	8
Q:	44				
$\frac{Q}{m}$:	4 Rest 4				
p:	$10 - 4 = 6$				

c) Nach der gleichen Vorgehensweise wie zu b) ergibt sich die Prüfziffer mit $p=11$; die Nummer 37578 sollte also zwecks Wahrung konstanter Stellenzahl der Ordnungsdaten nicht belegt werden.

d) Nach der gleichen Vorgehensweise wie zu b) ergibt sich die Prüfziffer mit $p=2$.

e) Ja beim Drehfehler ab nach ba, weil der Divisionsrest $m \neq 0$ (man erhält $m=8$). Nein beim Drehfehler abcde nach cbade, weil der Divisionsrest $m=0$, wie folgende Nachrechnung zeigt:

z_i mit p:	5	7	3	7	8	6
g_i:	1	2	1	2	1	1

G_i: 5 14 3 14 8 6

Q: 50

$\frac{Q}{m}$: 5 Rest 0

f) Es werden beide Fehlerarten erkannt, da in beiden Fällen m ≠ 0 (man erhält für beide Fälle m = 4).

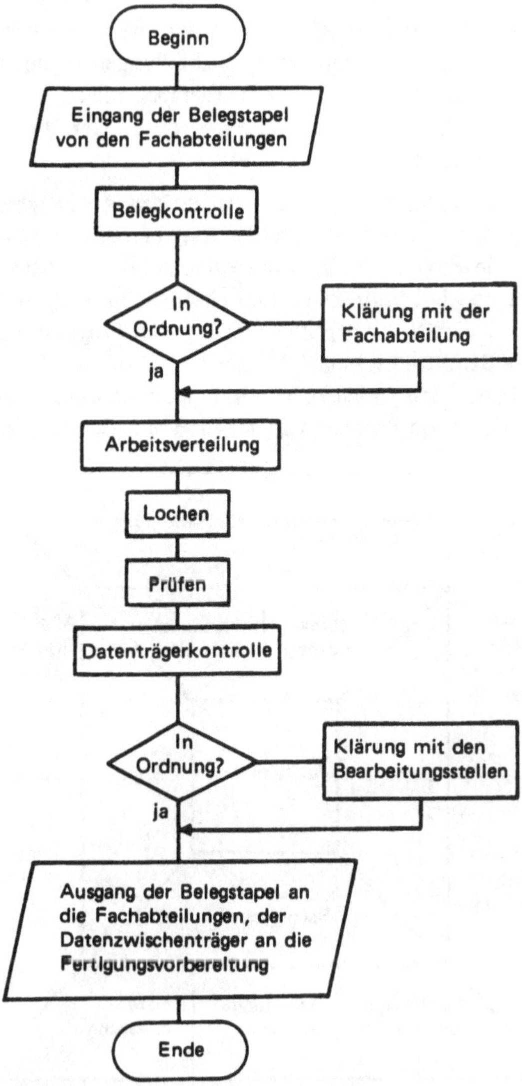

Abb. 8/12. Arbeitsablauf der zentralen Datenerfassung (Lösung zu Übungsaufgabe 8/1)

Zu Übungsaufgabe 8/1

Der *Arbeitsablauf* in der zentralen Datenerfassung war zu entwickeln.

a) Typische Ablaufschritte der Bearbeitung sind: Belegkontrolle (z. B. auf Vollständigkeit der Belege), Arbeitsverteilung auf die Datenerfassungsplätze, Ablochen, Prüfen, Datenträgerkontrolle (z. B. auf Vollständigkeit des Kartenpakets).

b) Die Ordnung der Ablaufschritte ist bereits in a) angegeben.

c) Input sind die Belegstapel, im allgemeinen sortiert nach Belegarten (z. B. Materialentnahmescheine), die von den Fachabteilungen kommen (z. B. Abteilung Rechnungswesen); Output sind die Belegstapel, die zu den Fachabteilungen zurückgehen, und die Lochkarten als Datenzwischenträger, die an die Fertigungsvorbereitung weitergehen.

d) Der Arbeitsablauf enthält einige Abfragen, so daß Ablaufschemata ungeeignet sind. Die Eignung von Netzwerkgrafiken ist ebenfalls nicht gegeben, weil es sich nicht um ein Projekt, sondern um einen zyklischen Ablauf handelt. Blockschaltbilder und Datenflußpläne sind ebenfalls ungeeignet. (Zur weiteren Begründung vgl. Abschnitt 3.4.4.). Zweckmäßig sind Programmablaufpläne; mit ihnen können die Strukturmerkmale des Arbeitsablaufs, also die zeitlichen Beziehungen zwischen den Ablaufschritten, dargestellt werden. In der Praxis werden oft Sinnbilder von Programmablauf- und von Datenflußplänen ver-

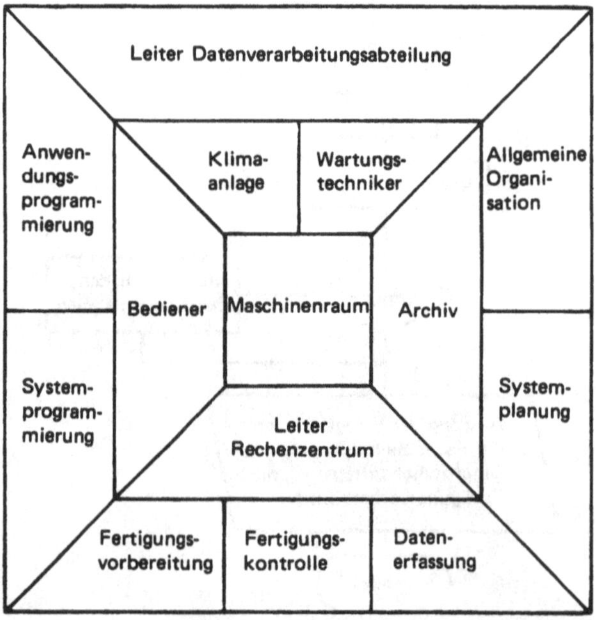

Abb. 8/13. Layout der Datenverarbeitungsabteilung (Lösung zu Übungsaufgabe 8/2)

mischt. So wird z. B. statt des Symbols Ein-/Ausgabe gern das Symbol des Datenträgers verwendet (z. B. das Symbol Liste für die Eingabe der Ablochbelege). Abb. 8/12 zeigt den Arbeitsablauf als Programmablaufplan.

Zu Übungsaufgabe 8/2

Es soll das *Layout* der Datenverarbeitungsabteilung auf zwei Wegen bestimmt werden.

a) Die Lösung zeigt Abb. 8/13.

b) Die Lösung findet man, indem man völlig analog zu Demonstrationsbeispiel 8/3 vorgeht; die einzelnen Lösungsschritte werden hier also nicht gezeigt. Im ersten Schritt hat man die Zwischenlösung $Z_{11} = 150$; diese wird im zweiten Schritt durch die Zwischenlösung $Z_{14} = 132$ verbessert; im dritten und vierten Schritt kann die Lösung nicht weiter verbessert werden. Das Z-minimale Layout ist dann durch den Graph der Abb. 8/14 gegeben.

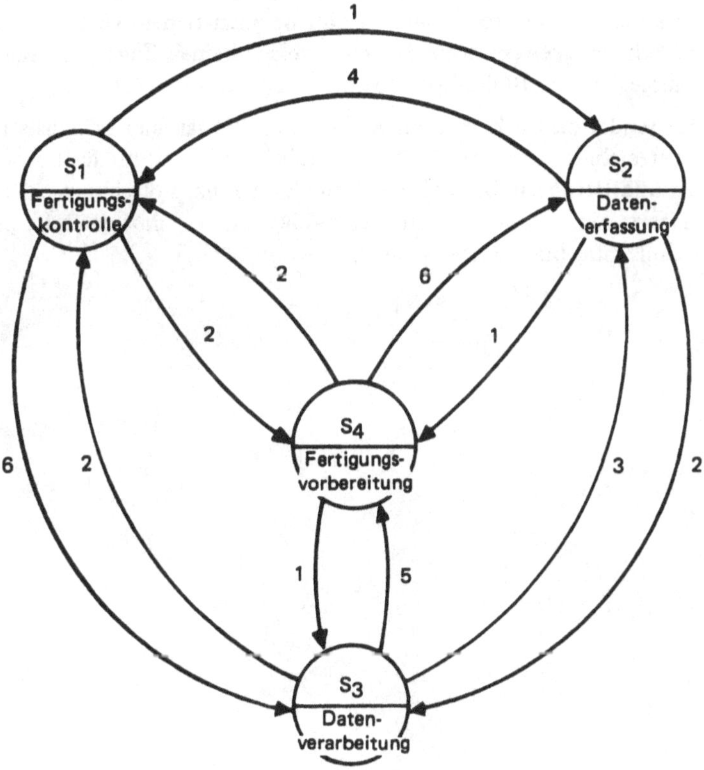

Abb. 8/14. Layout des Rechenzentrums (Lösung zu Übungsaufgabe 8/2)

Anmerkung des Autors

Den Herren Mag. Reinhard Lieb, Mag. Helmut Peirlberger und Mag. Karl-Heinz Ulirsch, alle am Institut für Fertigungswirtschaft und Betriebsinformatik der Universität Linz, gebührt mein Dank für die Durchsicht der Manuskripte und für ihre sachkritischen Beiträge, die zur Verbesserung der Manuskripte beitrugen.

Literaturhinweise

Wegen des raschen Fortschritts auf dem Gebiet der Systemplanung wurde darauf verzichtet, diesem Buch Literaturhinweise beizufügen. Lesern, welche zur Vertiefung des hier dargestellten Stoffes auf Ergänzungsliteratur zurückgreifen wollen, wurde daher im Vorwort empfohlen, sachgebietsbezogen zum Bedarfszeitpunkt selbst die entsprechende Literatur herauszuziehen. Dies kann für die Leser mit Schwierigkeiten verbunden sein, welche keinen Zugang zu einer einschlägig ausgestatteten Bibliothek haben.

Der Autor sendet diesen Lesern auf Anforderung ein laufend aktualisiertes Literaturverzeichnis kostenlos zu. Bezugsanschrift: ifbi-Institut für Fertigungswirtschaft und Betriebsinformatik der Universität Linz, Forschungsschwerpunkt Betriebsinformatik, Altenberger Str. 69, A-4045 Linz–Auhof. Betreff: „Literaturverzeichnis zum Buch Systemplanung".

Sachregister

Kolibri 360 GmbH
Ferdinand-Jühlke-Straße 7
99095 Erfurt, Deutschland
produktsicherheit@kolibri360.de